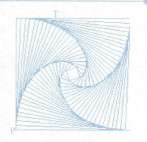
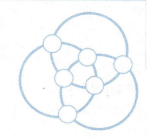

U0638208

让孩子越玩越聪明的
思 维 名 题
少 儿 潜 能 开 发 全 脑 训 练 书

廖春红 ◎ 主编

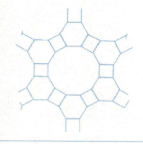

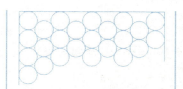

吉林出版集团股份有限公司

图书在版编目（CIP）数据

让孩子越玩越聪明的思维名题 / 廖春红主编 .

—长春：吉林出版集团股份有限公司，2018.6

ISBN 978-7-5581-5108-8

Ⅰ . ①让… Ⅱ . ①廖… Ⅲ . ①智力游戏—青少年读物

Ⅳ . ① G898.2

中国版本图书馆 CIP 数据核字（2018）第 099270 号

让孩子越玩越聪明的思维名题

主　编	廖春红	
责任编辑	齐　琳　史俊南	
封面设计	颜　森	
开　本	710mm×1000mm　1/16	
字　数	169 千字	
印　张	14	
版　次	2018 年 12 月第 1 版	
印　次	2019 年 11 月第 2 次印刷	

出　版	吉林出版集团股份有限公司
电　话	总编办：010-63109269
	发行部：010-69584388
印　刷	三河市东兴印刷有限公司

ISBN 978-7-5581-5108-8　　　　　　定价：39.80 元

如出现印装质量问题，调换联系电话：010-82865588

版权所有　侵权必究

　　思维是一个人一生中最宝贵的财富，它是一种抽丝剥茧的过程，是一种柳暗花明的引导方式。学会思维，就掌握了看待万事万物、应对万事万物，以及迅捷有效地解决问题的途径。

　　爱因斯坦曾经说过：人们解决世界的问题，靠的是大脑思维和智慧。人类在漫长的征服自然、改造世界、提高自我的过程中，不断开发大脑，总结思维规律，逐渐形成了帮助人们解决问题、辨别真伪、开拓创新的思维知识体系。纵观当今各阶层领袖人物、思维大师、数学家、逻辑学家、诡辩家、侦探大师、艺术家、商业领袖，甚至普通行业里的优秀人物，哪一个是人云亦云、不思考、不运用思维的人？正是良性思维，让他们在万千世界的诱惑中找到并塑造了属于自己的成功领域。

　　不过，思维训练从来都不是一件简单容易的事情，也不可能一蹴而就，许多心理学家和社会学家都认为思维名题训练是一种较好的方式。美国著名心理学家米哈伊·奇克森特米哈伊把思维名题训练称为"使思维流动的活动"，它不但能够帮助发掘个人潜能，而且能使人感到愉快，是一种通过轻松有趣的游戏训练思维、提高智力的方式。当然，这种思维训练应该从儿童时期就开始着手。

　　为了满足当下中国孩子们的思维训练需求，本书精选了数百道最具挑战性、趣味性与科学性的思维名题，列举了发散思维、求异思维、转换思维、形象思维、迂回思维、急智思维、博弈思维、逻辑思维、逆向思维等类型，每一个类型都经过了精心的选择和设计，每个命题都极具代表性和独创性，荟萃了古今中外众多思维大师的思维方法，同时将许多思维名题融于名人的逸事趣闻中，让孩子们能够更深切地体会到这些在人类思维长河中大浪淘沙后的智慧沉淀。

我们为孩子们打造的，不仅仅是名题，还是名题下那宽广的视野，和解剖问题的方式。本书适合利用点滴时间进行阅读和练习，既可作为思维提升的训练教程，也可作为开发大脑潜能的工具。无论是小学生，还是中学生，只要想变得越来越聪明，这本书就是不二的选择。阅读本书，能让孩子们的思维更缜密，观察更敏锐，想象更丰富，心思更细腻，做事更理性，心情更愉快。值得注意的是，书中许多题目的答案并非只有一种，希望孩子们能够发散思维，找到更多完美的答案。

孩子们快投身到这思维名题的世界中来吧！

目 录 contents

第一章　发散思维名题

第二章　求异思维名题

第三章　转换思维名题

第四章　形象思维名题

第五章　迂回思维名题

第六章　急智思维名题

第七章　博弈思维名题

第八章　逻辑思维名题

第九章　逆向思维名题

第一章

发散思维名题

1."T"形七巧板

在这个经典的小游戏里，四块拼板可以拼出字母"T"，你能看出来吗？

在看答案前，先把它们复制，然后剪下来拼拼看。

2.海科·哈伯特与火柴

下图中，3根火柴交于一点。你能否用火柴棒创造出一个图形，使得每根火柴的两端以这种方式与另外两根火柴相连？注意火柴只能在两端相连，不能有重叠。什么形状符合这个规则而又使用了最少的火柴棒数目？

这个问题由德国数学家海科·哈伯特首次提出，由诺布·芦原伸之在他著名的时事通讯《难题》中进行描述。这个问题的一个变体是要求4根火柴在每一点相交，已知的最好解法需要104根火柴交于52个点。已经证明了需要5根火柴交于每一点的变体的解决方法是不存在的。

3. "诡异"的火车

把下图中古老的穿过西伯利亚的火车复印下来，再把它裁成3块。把裁出的3块进行重新排列后，使得这个有7节车厢的火车变成6节车厢。

4. 星星的繁衍

著名思维大师亨利曾出过数道有关五角星的题，十分有趣。请你仔细观察下图，把这个大五角星复制下来，并把它分割成如图所示的12部分。

你可以把这12部分重新拼成4个小五角星吗？

5. 哥伦布的鸡蛋

当年，哥伦布虽然发现了新大陆，但在西班牙国内却没有人认

为他了不起。

在一个盛大的宴会上，大家又像以往那样对他进行冷嘲热讽。这次，哥伦布决定给他们一点回击。他随手从桌子上拿起一个鸡蛋，对奚落他的人说："先生，您能把这个鸡蛋竖起来放吗？"那个人试了试，没有成功，于是就说："这是根本不可能的事情！"

哥伦布轻轻一笑，就把鸡蛋竖着放好了。你知道哥伦布是怎样做的吗？

6. 爱迪生的灯泡

美国发明家托马斯·爱迪生常对助手这样说："人生太短暂了，要多想办法，用极少的时间，办更多的事情。"

一天，爱迪生在实验室里工作，他递给助手一个没上灯口的空玻璃灯泡，并说："你计算一下灯泡的容量。"说罢，又埋头工作了。

过了好半天，他问助手："容量是多少？"他没听见回答，转头看见助手正拿着软尺，在测量灯泡的周长、斜度，并拿着测得的数字，伏在桌上计算。

"时间，时间！怎么要费那么多的时间呢？"爱迪生说罢，走过来，打量了助手一眼，自己拿起那只空灯泡，采用了一种简单的方法，仅仅1分钟，就得出了灯泡容量的数据。

助手见爱迪生采用如此简单的方法，恍然大悟，羞愧不安。于是，爱迪生向他说："这是多么容易的测量方法啊，它又准确，又节省时间，你怎么想不到呢？"助手的脸又红了……

爱迪生喃喃地说："人生太短暂了，要节省时间，多做事情！"

你知道爱迪生用了什么简便的方法吗？

7. 纸盒烧水秘籍

一休是个聪明的孩子，他用厚纸做了一个不漏水的纸盒，纸盒里盛着清水，放在火上烧。有人见了，问："一休，你这样能烧开水吗？"

"能！"一休肯定地说。你说一休说得对吗？

8. 杯子的容积

乔叟是一位著名的数学家与沉思者，他惯于默不作声地前进，忙于思考自己的问题。在《神父的序幕》中，乔叟提出了一个小小的天文学问题，用现代语言说起来大致是这样的：

"在1372年时，"他说，"我曾以我们国家爱德华三世陛下的使者的身份前往意大利，拜访了弗·彼特拉克。这位著名诗人亲自陪我游逛一座山的顶峰。他提示我，在山顶上杯子里盛的液体比在山谷底杯子里盛的液体要少，我大为惊讶。请你告诉我，为什么在山上可能有那样奇异的性质？"

略通地理和物理的人可以正确回答这个问题。

9. 夸下海口的总经理

在国外一家大型百货公司的门前，立着这样一块大牌子，上面写着："本店百货，一应俱全，如有缺货，愿罚10万。"有个法国人看到这则广告很不服气，就找到这家百货公司的经理，说自己想买一艘潜水艇。于是，这位经理把他领到百货公司的地下第三层，那儿果真有一艘潜水艇。接着法国人又说他还想看看直升机，于是经理又把他领到了第二十一层，一架直升机真的就停在那里。

最后，法国人突然要求看看肚脐生在脚下的人，他以为这样一定会难住这位经理。谁知道经理只是对着身边的一位店员耳语了几句，一个肚脐生在脚下面的人便很快地出现在了法国人的面前。

请你猜猜这位经理对店员说了些什么呢？

10. 凡·高自画像失窃案

某日夜，怪盗潜入美术馆，盗走了正在展出的凡·高的自画像并顺利逃走。这幅画是该美术馆展出的著名的画。

然而，美术馆发现这幅画被盗却是在整整两周之后，简直是太漫不经心了。而且，在这两周内，美术馆并未闭过馆，一直照常开放，来参观的人络绎不绝。

那么，为什么这么晚才发现名画被盗呢？

11. 戴安娜的婚礼纪念品

当年，英国的戴安娜王妃和查尔斯王子结婚时，仪式声势浩大，英国举国欢腾，许多人都赶来一睹戴安娜王妃的芳容和皇家古老、盛大、高雅的婚礼。

这也是生意人发财的良机，因为预期将有一百万人到大婚现场。于是，有些生意人准备了大量带有喜庆字样的T恤衫，有些生意人准备了各式各样的印章、纪念品，还有些人准备了大量的饮料和食品。

婚礼结束后，发了大财的既不是卖纪念品的，也不是卖食品饮料的，而是另一个生意人。

想想看，这位生意人卖的是什么呢？

12. 总统也能当"广告"

在国外，有位书商的手中存有一批滞销书。有一次，他在电视里看到了一个节目，里面介绍本国的总统很爱读书。这个消息使书商立刻想到了一个快速卖书的办法。他先是给总统送去了这批滞销书中的一本，然后又多次打电话给总统，询问他对这本书的看法。总统当然很不耐烦，便随便地说了一句"不错"。于是，书商就利用总统的这句话为自己的书做起了广告，结果书很快就销售一空。

接下来，书商又想用这个办法来推销他的另一批滞销书，可总统再也不肯轻易对书做出任何的评价了。然而，聪明的书商还是很快卖光了自己的书。

你能想到这一次书商是如何利用总统来为自己的滞销书做广告的吗？

13. 土耳其人考基亚的"巧招"

从前，有个土耳其人叫考基亚，他聪明机智，什么难题都难不倒他。

有一次，考基亚外出旅行，到了一个小镇，住在一家旅店。店里还住着一些马帮兄弟，大家很快就熟悉了，成了朋友。

第二天，考基亚一早醒来，急忙起身准备赶路。他急匆匆地赶到马棚去牵马。不想昨晚店里的伙计把他的马和马帮的马拴在了一起。在那么多相似的马中，他怎么也找不到自己的马。

考基亚想了想，想出个主意。猜猜看，他想出了个什么主意？

14. 一百一十一座庙

我国古代有个木匠跟建筑师鲁班学艺，到南山密林中去修筑香岩寺。

一天，木匠陪鲁班在山上散步，走到一棵古柏和一块怪石跟前，鲁班说："这古树怪石真是少见！"

木匠说："若在石上建座庙，就更好了。"

鲁班看了看木匠说："好！你就试着在这儿修建一百一十一座庙吧！"

鲁班这么一说，木匠愣住了，心想：这虽是一块巨大的怪石，但哪里能容得下这么多庙啊？

一连两天，木匠都想不出如何建造，愁得他茶饭不思。一天早饭后，木匠又坐在古柏下，看着那巨大的怪石发愁。忽然，他眼睛一亮，高兴地道："师傅说的一百一十一座庙可以建造啦！"

木匠把自己的想法告诉鲁班后，鲁班夸他聪明，肯动脑筋。请问，木匠是怎样想的呢？

15. 租金很便宜

一位犹太人走进纽约花旗银行的贷款部，大模大样地坐了下来。

看到这位绅士很神气，打扮得又很华贵，贷款部的经理不敢怠

慢，赶紧招呼："先生，我能为您做些什么？"

"哦，我想借些钱。"犹太人说。

"好啊，你要借多少钱？"经理高兴地答道。

"1美元。"犹太人说。

"只需要1美元？"经理以为自己听错了。

"是的，只借1美元，可以吗？"犹太人问。

"可以，当然可以。但是，不管您借多少钱，我们都需要担保，而且这个担保要超过您借的钱数。"经理热心地介绍着。

"好的。喏，这是50万美元，可以做担保吗？"犹太人边说边从身边的皮包里取出几摞钞票堆在写字台上。

"当然够了！只是，你确定只借1美元？"经理不太放心地问道。

"是的。"犹太人接过了1美元，就准备离开银行。

经理越想越不明白，就追上去拉住犹太人问："先生，请等一下。我想知道，你有50万美元，为什么只借1美元呢？假如您想借30万、40万美元的话，我们也会考虑的。"

"啊，是这样的，我来贵行之前，已经问过好几家银行，他们保险箱的租金都很昂贵。而您这里租金的确很便宜，一年才花6美分。"犹太人回答。

16."滑铁卢"后聪明依旧的拿破仑

滑铁卢战役后，拿破仑被流放到圣赫勒拿岛，身边只带了个叫桑梯尼的仆人。

一次，岛上长官部派人通知拿破仑说："你的仆人桑梯尼被怀疑盗窃，已经被捕了。"

失主叙述了事情的经过："桑梯尼来找我的时候，我正在处理岛民交来的金币，就叫秘书让他去左边房间等一等。之后，我把金币放在桌子的抽屉里，锁上之后就去厕所了。但是我把抽屉的钥匙遗忘在桌子上了。两三分钟后，我回来发现抽屉里的金币少了10枚。在这段时间里，只有他一个人在房间里，桌子上又有我忘带的抽屉钥匙，不是他偷的那是谁呢？因此，我命令秘书把他抓了起来。"

"但是，你应该知道，左边的门是上了锁的，桑梯尼无论如何也进不来。"拿破仑说道。

"他一定是先走到走廊，再从正中的那扇门进来的。"失主又说。

"你不是说你只离开了两三分钟吗？桑梯尼在隔壁根本不可能看到你把金币放在抽屉里，也不会知道你把抽屉钥匙忘在桌子上，你离开的时间又那么短，他怎么可能偷走金币呢？"拿破仑反驳他。

"他准是透过毛玻璃看到了一切。"失主牵强地回答。

拿破仑决定亲自查个究竟。他向房间左边的门走去，将脸贴到毛玻璃上，向左边房间仔细地看去，只能大概地看见一些靠近门的东西，稍远一点就看不清了。他又分别走到左右两扇门前，摸摸门上的毛玻璃，发现两块玻璃的质量完全一样，一面光滑，一面不光滑，不同的是，左边房门上毛玻璃不光滑的面在失主房间这一边，而右边房门上毛玻璃的光滑面在失主房间这一边，右边房间是秘书室。拿破仑转过身来，指着门上的毛玻璃对失主说道："你过来看一看，从这块毛玻璃上桑梯尼不可能看到你所做的一切。你还是问问你的秘书吧。"失主叫来秘书质问，金币果然是他偷的。

你知道拿破仑推断的根据是什么吗？

17. 福斯特神探的"眼睛"

斯蒂娜的爸爸是有名的探长，常常给她讲探案故事。受爸爸的影响，长大后的斯蒂娜思维缜密，成为有名的侦探小说作家。

有一天晚上，斯蒂娜很晚才回家。忽然，她觉得身后有个黑影，由于经常写侦探小说，斯蒂娜对环境非常敏感，她当时的第一反应就是认定这个黑影对自己不利，于是迅速地掏出防身用的水果刀，回身向黑影刺去……当她回头看这个倒下的黑影时，几乎惊呆了！原来，由于内心的敏感，她误杀了大楼管理员。眼看闯了大祸，斯蒂娜趁着周围没有人，赶紧逃回家里。回到家里，她拉下了电闸，偷偷地溜走了。第二天，斯蒂娜就接到福斯特探长的电话。按照探长的要求，斯蒂娜回到了家。

探长问她："昨天你在家吗？"

斯蒂娜镇定地说："探长先生，我家里的电路坏了，电脑不能用，所以这三天我一直住在母亲家呢。如果不相信，您可以询问我的母亲。"

福斯特探长说："你的父亲曾是我的上司，我是看着你长大的，相信你绝对不会犯罪。但是案子发生在附近，我必须例行公事调查周围的人。哦，我忙到现在，渴坏啦！"

斯蒂娜一听，连忙打开冰箱，给探长倒了一杯冰汽水。

福斯特探长喝了一口，拿出手铐说："斯蒂娜，很对不起，尽管你父亲曾是我的上司，但你犯了罪，我就要逮捕你。回到警局再解释你的行为吧！"

请问，福斯特探长怎么马上判断出是斯蒂娜杀了人呢？

18. 航海俱乐部里的争论

航海俱乐部的几个学生和老师正在讨论，其中有一个学生说："我知道游艇即使顶着风也能前进，所以没拿桨就上艇进海了。谁知道一下子就陷入了完全无风的地带。幸亏不久来了海潮，我借潮流的力量才离开了那个地带。现在我仔细地想想，那时候我只能任凭潮

水的摆布，此外，还有什么能助我一臂之力呢？"

老师听到了却说："好好地想想吧！我看完全无风状态下的速度可能比潮水还快。"

请问，老师说的是什么意思？游艇能比潮水还快地离开那个地带吗？

19. 为什么做不成能帮贝多芬的电话

著名音乐家贝多芬26岁时双耳什么也听不见了，不管是谁打来电话，他都不知道。贝多芬的一位朋友知道后，为他改装了一部电话，只要是电话铃一响，就能用光电信号通知贝多芬。可惜，朋友的一片好心对贝多芬完全没有起作用，为什么呢？

20. 福隆特纳克斯节目

令人称奇的福隆特纳克斯是 20 世纪最奇特的音乐节目。贝莎和

莱因霍尔德所演奏的两件乐器叫作贝莎风。当他们开始演奏之前，莱因霍尔德将一个旧的手提箱放在桌子上，使这个箱子伸出桌子边大约 1/3，接着他便投入经典的混成曲演奏当中。过了一会儿，这个手提箱突然翻倒在地上，演出随即结束，这让大家很吃惊。手提箱里并没有任何钟表装置，你知道他们的演出时间是如何控制的吗？

21. 三分河道上中下游

用长度相同的18根火柴棒，摆成下边的图形。问：如果使用同下面一样长的火柴棒，怎样才能把这个图形分成形状相同、大小一样的三个部分呢？使用几根火柴不限。

22. 行星"追随"太阳的脚步

如果行星A绕太阳转一圈需要两年时间，行星B绕太阳转一圈需要一年时间。如下图所示，它们和太阳位于一条直线上，请问，下一次它们和太阳位于一条直线上需要经过多长时间？

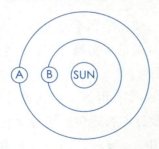

23. 动物学家的鹦鹉

有一位动物学家养了一只鹦鹉。不管是什么人向它说话，它都能够非常逼真地模仿这个人说出的话。动物学家带着这只鹦鹉环游世界巡回演出极受好评。若干年后，这位动物学家又养了另外一只鹦鹉。如果有人问这只鹦鹉："今天天气如何？"它会回答："晴天，不过下午恐怕会下雨。"也就是说，它不但会单纯的模仿，而且会回答简单的问题。于是，动物学家开始带这只鹦鹉环游世界巡回演出，但它却不像以前那只鹦鹉那样受欢迎。为什么呢（注意：并没有鹦鹉不表演之类的问题。）

24.一张有问题的"通缉公告"

某地区警察张贴了一张一年前发生的抢劫案通缉犯的公告，上面有那名少年通缉犯的照片及身高、年龄等资料。有一个人看了这张公告却说："这里面有一项信息不可靠。"那个人不是通缉犯，也不是通缉犯的朋友，他指的不可靠的信息到底是什么呢？

25.宰相巧智躲"奇祸"

30年前，王妃因为被狗咬到手而过世，国王在悲痛之余，下令宰相将国内所有的狗消灭。宰相执行了国王的命令，之后，这个国家的狗果真全部消失无踪。

不过，国王当时也对宰相下了另一道命令："不能杀害任何一条狗，也不能把狗放逐，否则你也会没命！"然而，现在宰相健在，舒舒服服地在该国安享晚年，国王对此事也很明了。怎么会这样呢？

26.伪装自杀的现场

某电影女明星，一天清晨被发现死在自己的房间里。她全身覆

盖着毛毯，右边太阳穴有一弹孔。在床边的梳妆台的镜子上留有她用口红写的遗言："我痛恨大众传播界。"这似乎指近期报界对她生活放荡的报道。但是，当警察看过现场后，马上断定，女明星是他杀。

你知道为什么吗？

27."怪国王"出题

从前，有个国王十分喜欢给自己的大臣出各种各样的难题，而且也视难倒所有人为最大的快乐。一次，他又向大臣们问了这样的一道题：如果一间屋子里总共有10个健康正常的人，那么把一根点亮的蜡烛放在什么地方，才能让屋子里的9个人都看得见，而1个人却看不见呢？国王的这个问题又一次难倒了所有的大臣，眼看着大家又要受到国王的嘲笑，一个侍者却突然想到了问题的答案，并偷偷地告诉给了一位老臣。接着，老臣就把这个答案说给了国王，而蒙在鼓里的国王还高兴地奖赏了这位老臣。

请问，你能猜到这个问题的答案吗？

28.好朋友的一次偶遇

一天，尼德尔瓦勒先生骑自行车外出时碰到了一个老朋友。

"我们都好几年没见了吧？"他说。

"是啊，"他的朋友回答说，"自从上次我们在缅甸见面之后，我就结婚了，我和我的爱人都在仰光工作。你肯定不认识，这是我们的小女儿。"

"好漂亮的孩子，"尼德尔瓦勒先生问她，"你叫什么名字？"

"谢谢您，先生，我和我妈妈同名。"

"哦，是吗，你和埃莉诺长得真像。这也是我很喜欢的一个名字。"尼德尔瓦勒先生回答说。

那么，尼德尔瓦勒先生是如何知道这个小女孩的名字是埃莉诺的呢？

29. 两根铁条

一张桌上放有两根铁条。看上去它们一模一样，但其中一根是有磁性的（两端各有一磁极），而另一根没有磁性。

如果只允许你在桌面上移动它们，不能把它们提起，也不能借助于任何其他物体或器具，你能不能判定哪一根铁条是有磁性的？

30. 一根拇指能激射太空船吗

有人说："在毫无重力的宇宙太空中，任何东西的重量都会变成零，换言之，即使是3岁大的飞行员，都有办法用一根拇指的力量，轻易将数百吨重的太空船像打弹珠一样弹射出去。"上述的说明正确吗？为什么？

31. 一句话也听不懂的教堂

丹尼尔一家是非常虔诚的天主教徒，每个周末都会去教堂。有一次，丹尼尔的父亲升职调任，一家人周六搬去一个新的城市。搬家很辛苦，花了全家人整整一天的时间，除了丹尼尔，其他人星期天早上都还在睡觉。丹尼尔感到很累，但他还是决定去找找当地的教堂，以感谢上帝保佑他们搬迁顺利。他看到一个教堂外写着"圣·约瑟夫天主教堂"，就走了进去。教堂里正在举行一个仪式，但是丹尼尔发现自己一句话也听不懂。你知道为什么吗？

（1）这不是因为口音或方言的问题。

（2）他们没有搬迁到美国之外的国家。

（3）丹尼尔只有10岁。

（4）这个教堂里的人说的是英语，不是拉丁语。

（5）他的耳朵没有任何毛病，能听到每一句话。

（6）他们搬迁到的城市是华盛顿。

32. 博士的塑料大棚

　　植物学家R博士，在自家院子里盖起塑料大棚栽培稀有花草。但在一个晴朗的冬日中午，大棚发生火灾，所有花草付之一炬。经调查，是大棚里的枯草着火引燃的。

　　然而奇怪的是，塑料大棚里没有一点火源，也没有放火的痕迹。大棚外面昨晚下过一场雨，地面湿漉漉的，如果有人来此纵火，照理会留下足迹的。可周围没有发现任何足迹。

　　R博士找不出任何原因，便请侦探出马查个究竟。

　　侦探立即赶来，详细勘查了现场。

　　"博士，昨晚的雨量有多大？"

　　"我院子里的雨量表上显示的是27毫米，可今天从一大早起就晴空万里，没有一丝云彩呀。"

　　"阳光直射塑料大棚，里面会产生多高的温度？"

　　"冬季是十七八度，可这个温度枯草是不会自燃起火的。"R博士回答说。

"没有取暖设施吗？"

"是的，没有。"

"棚顶也是用透明塑料盖的吧。"

"是的。"

"果然如此。那么，起火原因就清楚了。"侦探马上找到了起火的原因。

那么，到底是怎么起火的呢？

33. 小说家之死

一天早晨，小说家死在自己别墅的车库里。死因是氰化钾中毒。他是在准备出车库时，吸入剧毒气体致死的。

可是那天早晨既无人接近过车库，现场也未发现有任何可能产生氰化钾的药品和容器。

那么，犯罪嫌疑人用了什么手段将小说家毒死了呢？

调查这一奇怪案件的侦探，发现汽车的一个轮胎气已跑光，被压得扁扁的，马上就识破了作案手段。

34. 弄巧成拙的大毒枭

某大毒枭连闯四国，马上就要将价值不菲的海洛因带进毒品价格最高的×国了。为了顺利通过机场安检，他把毒品藏在一个新足球内，足球上有好几个世界各国著名球星的英文签名。他认为这样

一个有着世界球星签名的足球，肯定不会有人怀疑里面藏着毒品。

不巧的是，他在机场遇到了一位反毒专家。专家只看了一眼足球，甚至都没有掂一掂足球的分量，就怀疑足球有问题，请大毒枭到毒品检查站去一趟。

大毒枭又吃惊又着急，大声说："世界球星签名的足球，能有什么问题呀？"

专家是怎么看出足球有问题的呢？

35. 找出女盗窃犯

一天，一位警察在咖啡馆里发现一名在逃的女盗窃犯就坐在门口处喝咖啡。女盗窃犯浓妆艳抹，穿着时髦，指甲上涂了鲜红的指甲油，正悠闲地品尝着咖啡，警察正想过去抓住她，不料女盗窃犯忽然冲出门去消失在了人海中。

警察立即检查盗窃犯用过的东西，试图采取指纹。令他失望的是，刚刚明明看见盗窃犯用手摸过东西，现在却没有发现一点指纹。也就是说，盗窃犯十分狡猾，没有留下蛛丝马迹。

警察并没有看见盗窃犯在喝咖啡时戴着手套，也没有看见她的手指上缠着胶纸一类的东西，只看见她的指甲上涂了红色指甲油。那么，女盗窃犯为什么没有留下指纹呢？

36. 高楼顶上的凶器

某日早晨，在一座公寓的房间里，一对关系不好的夫妇又吵架了。丈夫用刀刺死了妻子，1小时后打电话报了案。

"我早晨一回到家里，见老婆被杀了，大吃一惊。一定是入室抢劫的强盗干的。"丈夫装模作样地抹着眼泪对刑警说。

不久，刑警经过搜查发现了作案用的刀。奇怪的是，刀丢在距现场20多米远的16层饭店的楼顶上。那么，刀是怎样被扔到如此远的高楼顶上去的呢？犯罪嫌疑人并未离开过现场一步，也没有同谋。

调查此案的刑警得知，当日早晨有人听到现场和饭店附近有一种声音不大的噪音时，当即就识破了犯罪嫌疑人的作案手段。

请问：犯罪嫌疑人是如何把凶器抛到那么远的高楼顶上去的呢？

37. 一个神秘的乘客

为了使各种残疾人在列车上得到特别护理，列车上设有特护车厢。有各种残疾的乘客，都被安排在这个车厢。

这一天夜里，列车长得到一个紧急情报，有一个特务暗藏在特护车厢，冒充残疾人传递军事情报。列车长一边通知警长，一边赶到特护车厢进行监视。果然，他看到一个神情诡秘的人钻进了特护车厢，走近一位乘客。此人趁别人不注意，将一封信递给乘客，和这位乘客交头接耳。

乘客正要拆开信时，列车上的灯灭了。车厢里伸手不见五指。列车长只好继续监视，等灯亮了再行动。过了几分钟灯亮了，那个神秘乘客拿着信又走了。

望着神秘乘客的背影，列车长松了一口气，他心想，这次传递情报未完成，因为灯灭了，他们没有看清信的内容。

这时，警长来到特护车厢，听列车长说明情况后，对列车长说："你受骗了，他们已经看完了信，并且传递了情报。"

警长是如何判断出他们已经传递了情报的呢？

38. 不具备作案时间的犯罪嫌疑人

一个星期日的早上，在铁路急转弯处的路基下，有人发现一具年轻女子的尸体。死亡时间推定在星期六晚上10点左右，她是被人用领带勒死的。

不久，警方通过侦查发现了犯罪嫌疑人。此人居住在距现场约50公里远的K市。警方将其逮捕并进行了审讯，但此人说他从星期六晚上8点至星期日白天一直在K市，不具备作案时间，又因为没有搬运尸体的同案犯，所以警方只好将此人释放，案件的侦查陷入停滞。

但是，当格林探长为寻找线索徒步去K市时，无意中看到了天桥，当即识破了凶手的诡计，再次将那名犯罪嫌疑人逮捕。犯罪嫌疑人无法抵赖，只好交代了罪行。

你知道怎么回事吗？

39. 世界说谎大赛的赢家

世界说谎大赛聚集了来自全球最会撒谎的高手。但是这些人无论自己说谎的技巧如何高明，最终仍不得不甘败于某高手，你说这个人是谁呢？

40. 南非的黄金案

南非是世界上黄金产量最大的国家，而该国的黄金走私案数量也位居世界前列。有一次，南非最大的城市开普敦的警方获悉，有个走私集团在市区一栋大楼的地下室里藏匿了大量黄金。于是，他

们立刻展开了搜索行动。但是，现场除了发现有50个玻璃瓶，连1克黄金都没发现。这些玻璃瓶的容量都是5升，里面都灌满了略显红色的黄色透明液体。

根据警方获得的情报，这个地下室里应该至少有100公斤的走私金块。那么，这些金块到哪儿去了呢？

41. 高斯家的烟囱

高斯小时候家里很穷，住在一间破烂不堪的房子里，房子的门窗坏了还好修理，可房顶上的烟囱坏了，就不容易爬上房把它修好。于是高斯的母亲就在离火炉很近的墙边挖了一个洞，用很短的一节烟筒与火炉连接起来，想把烟引出去。但是，烟却很少由此洞冒出，弄得满屋烟雾腾腾。你说这是什么原因？

42. 白雪公主与7个小矮人的宴会故事

白雪公主把房屋装饰一新，安装了绿玻璃，在桌上的花瓶里插上了1束红玫瑰，准备宴请7个小矮人。白雪公主在忙碌着，这时，7个小矮人来了。他们透过玻璃，看到了桌上的黑玫瑰。红玫瑰为何变成了黑玫瑰吗？

43. 公主的宝石不见了

公主住在王宫的高楼上，这座楼十分高，楼的后面有一个大花园，花园里开满了鲜花，有各种昆虫和小鸟，简直就是鸟语花香的人间乐园。这天国王送给她1颗漂亮的宝石，公主高兴极了，把宝石放在窗台上，她想让更多的人看到宝石的光芒。而且她认为，她住的楼那么高，周围又有侍卫保护，肯定不会有人来偷的。

一天，公主去陪国王下棋，回来后发现窗台上的宝石不见了，十分着急，赶紧派人调查。经过反复调查，公主住的高楼根本没有外人进去过，而能进入这座楼的宫女和侍卫，都是诚实可靠的。宝石神秘失踪了。

有一天，宫廷的老园丁在花园里打死了一条蛇。老园丁用刀割开了蛇的肚子，惊奇地发现了公主的宝石。

老园丁把宝石献给国工，国王怀疑地问："蛇能爬上那么高的楼吗？"

老园丁说："不能，但是宝石的确是蛇吃掉的。"接着，老园丁将事情的经过分析给国王听，国王听后连连点头，下令赏赐老园丁。

蛇是怎么吃到宝石的？

44. 一条直线通过几个图

如图所示，9个圆并排一起，以一笔画过的直线通过所有的圆。图中通过圆的直线有4个转折角，现在请你用一笔画过的直线通过圆，并且将转折角的数目减到最少。

第二章

求异思维名题

1. 欧拉的相亲数

人们常用"你中有我，我中有你"来表达两个人的亲密关系。令人惊奇的是：在无声无息的数字群体中，竟然也有这样关系密切的"相亲数"。220与284就是一对相亲数，它们的特点是：彼此的全部约数和（本身除外）都与另一方相等。把220的全部约数（除掉本身）相加是：$1+2+4+5+10+11+20+22+44+55+110=284$。同样，把284的全部约数（除掉284本身）相加的和是：$1+2+4+71+142=220$。

相亲数使古今中外的数学爱好者产生了极大的兴趣，大数学家弗尔马、笛卡儿和欧拉等人也都对其进行过研究。特别是欧拉，他在1750年一口气向公众宣布了60对相亲数，使人们大开眼界。此后，关于相亲数的话题冷了100多年，人们普遍认为：相亲数研究的顶峰，已经被大数学家欧拉占领了，其他人不会再有新的突破了。

可是，令人惊奇的是：年仅16岁的意大利青年巴格尼尼却惊世骇俗地宣称：比220与284稍大的第二对相亲数被欧拉忽略了！原来，尽管欧拉算出了长达几十位、天文数字般的相亲数60对，却偏偏遗漏了近在身边的第二对。当时已是1866年，大数学家欧拉早已长眠于地下。

你能找出比220与284稍大的第二对相亲数吗？

2. "等周"圈地

等周问题是一个历史相当久远的几何问题，即在图形周长完全相同的情况下，谁的面积最大？相传迪多女皇曾在购买土著人的土地时考虑过这个问题，由此促进了迦太基城的建立。古希腊数学家芝诺多罗斯在公元前2世纪就研究过这个问题。到了18世纪，拉格朗

日创立了变分法，为问题的解决提供了有效工具。19世纪几何学家斯坦纳则给出了具体且通俗易懂的解决方法，即利用初等几何来解决该问题。你能试着解决一下这个问题吗？如果用数学以外的知识解答呢？这个答案是规律性的吗？

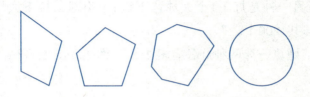

3. 令人失笑的体操馆

在这张体操馆的图片上，有几处细节在现实中是不可能出现的，你能看出来吗？

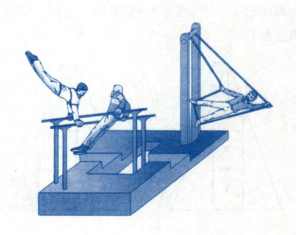

4.《镜花缘》中的灯球

清代小说家李汝珍在小说《镜花缘》中写了一个才女米兰芬计

算灯球的故事：

　　有一次米兰芬到了一个阔人家里，主人请她观赏楼下大厅里五彩缤纷、高低错落、宛若群星的大小灯球。

　　主人告诉她：“楼下的灯分两种：一种是灯下1个大球，下缀2个小球；另一种是灯下1个大球，下缀4个小球。楼下大灯球共360个，小灯球共1200个。”

　　主人请她算一算两种灯各有多少个。你能算出来吗？

5. 蓦然失踪的"小面积"

　　用如下图（1）所示的A～G 7块积木组成一个尖帽子（三角形）。设图上的刻度每一格是1厘米，则底边的长度正好是8厘米，高度是11厘米。可是，若按下图（2）那样搭配，底边和高度都不变，在中间却出现了一个2厘米×1厘米的一个洞。请问，洞的部分究竟跑到哪里去了？

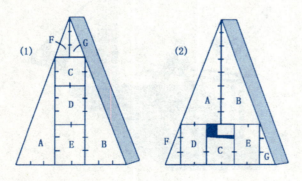

6. "神谕古文石"

　　这块"神谕古文石"是在冰岛的胡萨威克发现的，它曾经吸引很多考古学家前来研究，直到有个上学的小男孩告诉他们那不过是个赝品而已，考古学家们才恍然大悟，原来上面描述的正是一个著名的思维游戏。凿在石头上的是9个秘密符号，下图的第6个符号（即中间一行第3个符号）故意没有完成。这个游戏就是要猜出那个符号是什么。而你只有先确定其他符号所代表的事物，才能把那个符号猜出来。

7. 温馨的聚会

一次聚会上，每两个人致意的方式为四种方式（点头、握手、接吻、拥抱）中的一种。康迪和瑞迪接吻，没和萨迪接吻。对每三个人，两两致意的方式或者全相同或者全不相同。问这次聚会至多有多少人？

8. "不醉不归"的同学聚会

一次艺术系同学聚会上，有人提议将所有的啤酒拿出来分给参加聚会的人。参加聚会的同学一共有100人，班长拿出所有的啤酒，

先给自己留下了一瓶，然后按照男同学每人两瓶，女同学每人一瓶的原则分下去，结果正好合适。请问，你知道这些参加聚会的同学中，有多少男同学，有多少女同学吗？

9. 按"号"入列的小游戏

数学老师让6名学生站成一个正六边形，然后请1名同学站中间，这7名学生的学号分别为1、3、2、4、5、9、32，他们的位置如图1所示。然后，又选6名学生按图2的位置站成六边形，假设学生足够多，你能根据第一次的站位规律，猜出问号处是几号吗？

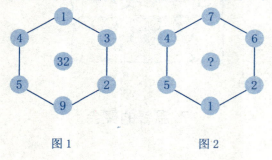

图1   图2

10. "巨大无比"的赤道绳索

甲和乙都是爱思考的孩子。一天，甲对乙说："如果地球是一个极大的标准圆球，现在有一根比赤道的周长还要长10米的绳子将地球沿着赤道围住，并且绳子最后首尾相接，那么，在地面与绳子之间还会有一个小小的缝隙，你觉得这个缝隙能够让一个身高1米的小孩通过吗？注意，这个人不能跨过去，也不许碰到绳子。"乙想了想，说："绳子比赤道长了10米，但是相对于那么长的赤道来

说，这段长度根本微不足道，怎么会容一个1米高的小孩通过呢？"

请问，乙的回答正确吗，为什么？

11. 4个不同的"日食"时间

4个人在谈论昨天的日食时间，一个说："我看到日食时是12点08分。""不，是11点40分。""我记得是12点15分。""我的表是11点53分。"4个人说的时间都不一样，因为他们的手表都不准。其中有两只表比准确时间慢，一只慢表与一只快表到准确时间的差为9分钟，而另两只手表中，一只手表比另一只手表慢35分钟。你知道日食发生的准确时间吗？

12. 电影业巨头之死

电影业巨头戴维死在自己轿车的驾驶座上。警方人员向名侦探格伦介绍案情时说："当时车子停在洛杉矶宾馆前的停车场上，一颗子弹穿入了戴维的右太阳穴。在汽车加速器踏板旁有一支手枪，车子内外毫无污痕。在车子周围20英尺以内的地面进行过搜索，只找到两颗苹果核和一只生锈的耳饰。手枪上只有死者的指纹，尸检证实枪伤周围有火药烧伤，他的嘴里和胃里都有鲜樱桃。"

格伦说："我认为他不是自杀，而是在某地被害后，犯罪嫌疑人移尸到停车场的。"

请问：这个结论是根据什么产生的呢？

13. 罗马尼亚的首都

罗马尼亚的首都布加勒斯特（Bucharest）刚好由9个不重复的字母组成。请你在9行、9列共81个宫格组成，并区分为9个九宫格的迷宫里填上这9个字母，要求是在每一行、每一列、每一个九宫格里都包含这9个字母。

B			H	E				
A			U	B				
							E	T
		E		C				B
		A					U	
T				S		A		
H	C							
				A	B			E
				T	H			R

14. 可怕的"瘟疫"患者

一个贵妇得了急性盲肠炎，她请来了3位医术高明的医生，并要求他们在当天轮流给自己动手术。因为当时有瘟疫存在，任何人都有可能带来病毒，所以贵妇和3位医生之间，以及3位医生之间都不能有接触，以防止感染。但是只有两双消过毒的手术手套，怎么做才是最安全的呢？

15. 苏菲的丈夫

　　文森和苏菲在海港的教堂里举行了结婚仪式，然后顺路去码头，准备启程到国外度蜜月。由于是闪电结婚，仪式上只有神父一个人在场，连旅行护照也是苏菲的旧姓，将就着用了。

　　码头上停泊着国际观光客轮，马上就要起航了。两人一上舷梯，两名身穿制服的二等水手正等在那里，微笑着接待了苏菲。丈夫文森似乎乘过这艘观光船，对船内的情况相当熟。他分开混杂的乘客，领着苏菲来到一间写着"B13 号"的客舱。两人终于安顿下来。

　　"苏菲，要是有什么贵重物品，还是寄存在司务长那儿安全。"

　　"带着 2 万美元，这是我的全部财产。"苏菲把这笔巨款交给丈夫，请他送到司务长那里保存。

　　可是，苏菲左等右等也不见丈夫回来。汽笛响了，船已驶出码头。苏菲到甲板上寻找丈夫，可怎么也找不见。她想也许是走岔了，就又返回来，却在船内迷了路，怎么也找不到 B13 号客舱。她不知所措，只好向路过的侍者打听。

　　"B13 号客舱？没有这间不吉利号码的客舱呀。"侍者脸上显出诧异的神色答道。

　　"可我丈夫的确是以文森夫妇的名字预订的 B13 号客舱啊。我们刚刚把行李放在了那间客舱。"苏菲说。

　　她请侍者帮她查一下乘客登记簿，但房间预约手续是用苏菲的旧姓办的，是"B16 号"，而且，不知什么时候，有人已把她一个人的行李搬到了那间客舱。登记簿上并没有文森的名字。

　　更使苏菲吃惊的是，司务长说，没有人向他寄存过 2 万美元。

　　"我的丈夫到底跑到哪儿去了？"苏菲感到事情很不妙。

　　正在这时，有两个有些眼熟的二等水手路过这里，他们就是上船时在舷梯上笑脸迎接过她的船员。苏菲想，大概他们会记得自己丈夫的事，就向他们询问。但船员的回答使苏菲更绝望。

"您是快开船时最后上船的乘客，所以我们印象很深。当时没别的乘客，我发誓只有您一个乘客。"船员回答说，看上去不像是在说谎。苏菲开始怀疑是否自己脑子出现了问题。

苏菲一直等到晚上，也不见丈夫的踪影。他竟然神不知鬼不觉地消失了。一夜没合眼的苏菲，第二天早晨被一个人用电话叫到甲板上，差一点被推到海里去。

你知道苏菲的丈夫文森到底是怎么失踪的吗？

16. 多米诺骨牌的吉祥数 "8"

把下面这些多米诺骨牌填入左边的方格中，使每一行（共4行）、每一列（共4列）和每一条对角线（共2条）所包括的多米诺骨牌的点数之和为8。

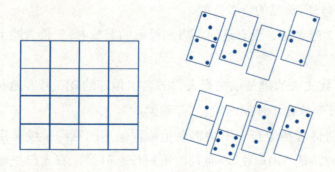

17. 米老鼠之家

下面的两幅图一共有7处不同，你能找出吗？

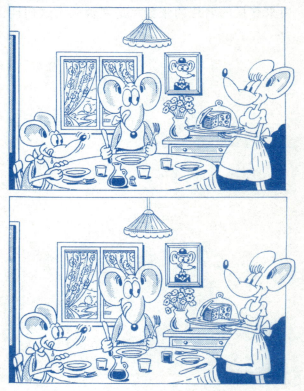

18. 谁的饭先熟

　　三兄弟选了 3 只同样的锅，准备用它们来做饭。不同的是，老大选用了铝锅盖，老二选用了木锅盖，老三选用了秫秸锅盖。请问，三兄弟在同样的条件下做饭，只是选用的锅盖不一样，谁的饭先熟？

19. 互赠名片的"交易会"

一次交易会上，所有的来宾都互赠名片，于是有人说："无论人数多少，用来交换的名片的张数总是偶数。"这句话正确吗？为什么？

第三章

转换思维名题

1. 我要邮东西

葛鲁丘·马克斯有一年买了一个喇叭作为弟弟哈波的生日礼物。包装好之后，他把它带到邮局去邮寄。

"对不起，马克斯先生，"邮局的职员说，"这个包装实在是太

长了，邮局规定任何包装都不能超过 1.2 米，而这个包裹却长 1.5 米。"

无奈之下，葛鲁丘把这个喇叭带回商店。店员把喇叭上的橡胶球拆掉

了，可是即便如此，这个喇叭仍然长 1.35 米。这时，葛鲁丘想出来一个主意，他让他们用另一种方法把喇叭重新包装。当他再次到邮局时，喇叭的包装得到了认可，因为现在的包装符合要求。那么，他是怎么做的呢？（注意：这个喇叭既没有被截断也没有弯曲。）

2. 奇异三角形

3 个村庄想用最经济的方法建起连接它们的公路。你能找到一种一般化的方法吗？

为了把这个问题弄得更清楚，请观察下边的两个三角形。如何在三角形中找到一个点，它到三个顶点的距离之和最小？

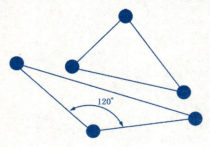

3. 哈代的火柴

火柴算式吸引过很多数学家，英国数学家哈代就曾经用火柴摆过下面两道错误算式，他要求每个算式中只移动1根火柴，使等式成立。注：除了传统的运算解法，你还可以发挥想象力，改变思维方式，创造出新的解法。

$$14+7-4=11$$

$$14-1+1=3$$

4. 科克与雪花曲线

画一个等边三角形，把每一边三等分，去掉中间的1/3，在被去掉线段处向外做出两边为此线段1/3的尖角，再用同样的方法代替每一条线段的中间的1/3，这样趋向于无穷的就是一条魅力无穷的雪花曲线。它是数学家赫尔奇·冯·科克在1904年创造的，因此也称科克曲线。它是一条连续的、封闭的、长度无限的，却拥有有限区域的曲线，它是一种分形图案（分形是1975年诞生的一个新的数学分支——分形几何学——中的概念，分形可以产生无穷多的形象）。雪花曲线的长度既然是无穷大的，那么，为什么它却"拥有有限区域"呢？请试着比较一下雪花曲线的面积与其母体三角形的面积的关系。

5. 硬币联手盒子

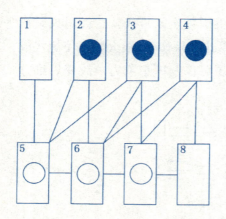

下面是我们所喜欢的置换思维游戏中的一个。首先，在2、3、4这3个盒子的黑色圆点上各放1枚5角硬币，在5、6、7这3个盒子的白色圆点上各放1枚1角硬币，然后用7步把它们的位置互换。把硬币从一个盒子沿着连接盒子的深色线移到另一个盒子里，每枚硬币都必须移到一个空盒子里。

6. 尼古拉的分油题

16世纪的意大利数学家尼古拉·方旦那曾提出一个分油趣题：

有一个装满4公斤油的油瓮，另外还有两只空瓶，一只可装2.5公斤，一只可装1.5公斤。现在要将油瓮里的油，利用这两只空瓶倒来倒去，平分为两个2公斤，请问应该怎样做？

7. 印度的"猴子诗"

在印度，有很多跟动物有关的智力题，下面这道题是用诗的形式讲出来的，共8句：

一群猴子分两队，高高兴兴在游戏。

八分之一再平方，蹦蹦跳跳树林里。

其余十二叽喳喳，伶俐活泼又调皮。

告我总数共多少，两队猴子在一起？

8. 酒与水的问题

珀西·波因德克斯特先生是著名的饭后思维游戏专家，他正设法解答一道古老的水与酒的题，但他现在已经不知所措了。这个题是这样的：有2个玻璃杯，里面装着相同数量的液体，一个装水，另一个装酒。首先，从水杯中盛一匙的水倒入酒杯，然后搅拌均匀。接着，再盛一匙的酒水混合物倒入水杯。那么，水杯里的酒比酒杯里的水多还是少？

9. 特快与快车

从A到B的铁路线长达9000公里。从A开往B的特快和从B开往A的快车是同时相向而行。已知特快的速度为每小时150公里，快车的速度为每小时100公里。

请问，当两趟列车正好要错车时，哪一趟车离A的距离远些呢？

10. 奇妙的巧克力盒子

巧克力制造商设计了一种新的盒子，以庆祝公司成立100周年。经过精心设计的盒子正好可以放48粒大小相同的巧克力球，

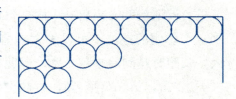

以单层排列，共有8行，每行有6粒，如上图所示。

很不幸地，当所有工作都完成时，才发现巧克力的重量比广告上所宣传的重量少了4％。重新设计盒子已经太迟，而改变巧克力的规格又很困难，其实有一种更简单的办法可以帮这位制造商脱离这种进退维谷的困境，你想出来了吗？

11. 原来硬币也可以做"玩伴"

用6枚硬币可排成一个三角形，如图1所示。移动硬币，可使三角形变为圆形，如图2所示。当每次移动硬币时，都必须将它放在能与另外两个硬币接触的位置，而且不能推挤硬币。请问，最少要移动几次才能完成？

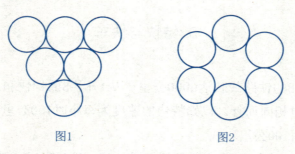

图1   图2

12. 长跑运动员的"慈善事业"

有位长跑选手要为一家慈善机构募款，过去的方式是她每跑完1英里，就请赞助人捐出一个固定数字的钱款，譬如捐3角。这次她想到一个聪明的办法，可以大大提高募款的金额。她告诉所有的赞助人，长跑时越到后来越难跑，因此赞助方式应改为第一英里1角，第二英里2角，第三英里4角，以此类推，每多跑完1英里，赞助金额就

加倍。

　　但是当她跑完马拉松后打电话给赞助人时，每个人听到赞助金额后都大吃一惊，为什么？（马拉松全长26英里。1英里＝1.609千米）

13. 一丝不苟发钱

　　三姐妹去餐厅洗碗挣钱，她们做了一天，共挣到770个卢布。然后，她们按照在洗碗的过程中每个人的速度来分配这些钱。她们洗碗的时候，速度是：当大姐洗了4个碗时，二妹只洗了3个；而当大姐洗了6个时，三妹洗了7个。请问，在分卢布时，三姐妹各应该分到几个卢布？

14. 挂满气球的建筑

　　在圆形建筑周围挂气球，把气球挂在距离建筑物均为3米的圆周上，按弧长计算，每隔2米挂1个气球，共挂了314个。请问，建筑物的周长是多少米？

15. 数学也可以做魔术

　　魔术师背朝观众，请观众在纸上随意写两个数字，再把这两个数相加，得到第三数，把第二个数和第三个数相加，得到第四个数，把第三个数和第四个数相加，得到第五个数……以此类推，写满10个数为止。例如，观众开始写下的是8和5，就得到这10个数为：8、5、13、18、31、49、80、129、209、338。魔术师请观众把这10个数给他看一下。他的目光只在这10个数上一扫，立刻报出这10个数相加的总和等于880。他怎么算得这样快呢？

16. 农民的账目

农民美吉克斯正在嘀咕，他要支付80美元现金以及若干公斤的小麦作为他租赁一块农田的一年地租。对此，他逢人便说，如果小麦的价格为每公斤75美分的话，这笔开销相当于每英亩7美元，但现在小麦的市价已涨到每公斤1美元，所以他所付的地租相当于每英亩8美元。试问：这块农田有多大？

17. 巧移屏风遮"隐私"

病房中共有16张病床，排列方式如下图所示。利用9个屏风将病房隔成4个区，各区分别拥有8张、3张、3张及2张病床。如果要重新将病房分成3个区，每区分别拥有6张、6张及4张病床，最少需移动几块屏？

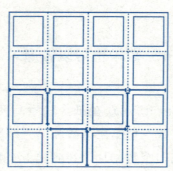

18. 火柴也能做幻方

下面是一个由火柴组成的幻方，你能移动其中的1根火柴，使每一横行和竖行里的数字相加之和都相等吗？

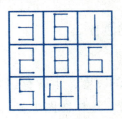

19. 有序的数字家族

如下图所示，有人向你提出挑战，要将图表中的17个数字重新排列，使排列之后的每一条直线上的数字相加之和都等于55。

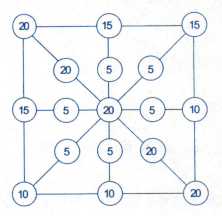

20. 德尔斯家的小蜜蜂

下图中的蜜蜂正在设法将蜂箱中从1到14这几个数字重新排列。

它们要使相邻的两个蜂房内的数字彼此不连续；同时，排列完之后，任意一个数字都不能与它可以整除的数字相邻（数字1除外）。你能帮它们移一移吗？

21. 交错的圆圈

下图是7个相互交叉的圆圈，也就有14个有限区域。现在，请你把图中的字母用数字代替，这样在图中就只剩下从1到14的数字。同时，要使每一个圆圈内的数字相加的和等于21。

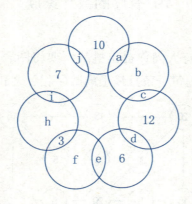

22. 算术运算的一马平川

在各个2之间插入算术运算符号，使每个式子都成为等式（算术运算符号只包括＋、－、×、÷与括号）。

2　2　2　2＝0

2　2　2　2＝1

2　2　2　2＝2

2　2　2　2＝3
2　2　2　2＝4
2　2　2　2＝5
2　2　2　2＝6
2　2　2　2＝10
2　2　2　2＝12

23. 分割钝角

在平面几何中小于90°的角称作锐角，大于90°的角称作钝角，等于90°的角称作直角。三个角都是锐角的三角形称作锐角三角形，有一个角是钝角的三角形称作钝角三角形，有一个角是直角的三角形称作直角三角形。

任给一个钝角三角形，能否把它分割成若干小三角形，且它们都是锐角三角形？如果不能，给出不可能性的证明；如果能，给出一个实例，并且考虑一下，分割后的锐角三角形的数目最少是几个？

24. 心思掉进"元宝坑"

有一个人整天梦想着发财，可是发财得有实际行动。于是，他决定用5元钱发家。他的算盘是这样打的：花5元钱买回一件东西，以6元钱卖掉它；然后再花7元钱将卖掉的东西买回来，以8元钱卖掉它。这样，他就可以积少成多。可是，有位学经济的却摇头叹息，他认为如果照这样的做法，他不会赚到钱。请问，他们谁的想法是对的？请说明理由。

25. 挪动玻璃杯

3个盛水的玻璃杯和3个空玻璃杯并排放在一起，如下图上方所示。如果把它们排成下图下方所示的状态，且一次只能挪动一个，请问最少要挪动几次？

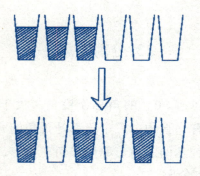

26. 妙不可言的"搬桌计"

客人们都到齐了，该开饭了。可是餐桌却位于椅子的外面，你能移动3根火柴，使餐桌位于两把椅子的中间吗？

27. 狮子那一抹可怕的微笑

马戏团的女驯兽师，在表演时被狮子残忍地咬碎头部而死。

这头狮子一直由她驯养，在此之前，她曾数百次钻进狮子的

大口中当众表演，从未失败过。然而就在这一天，当她将头伸进去时，不知为什么狮子显露出好似微笑的表情，突然一口咬碎了驯兽师的头。

在表演前，狮子已经吃饱了，而且也没有发情期脾气暴躁的迹象，难道是野兽所特有的无常的凶暴性情所致吗？

最令人不可思议的是狮子的微笑。那可怕的微笑意味着什么呢？

28. 白纸遗嘱

作曲家简和音乐家库尔都是盲人。简病危时，他请库尔做见证人立下一份遗嘱，将自己大部分财产捐给福利机构。他让妻子拿来笔和纸以及个人签章，自己在床头摸索着写好遗嘱，然后亲手将遗嘱装到信封里密封好，郑重地交给库尔。库尔接过遗嘱，立即将遗嘱送到银行的保险箱里封存起来。

一周后，简去世了。在简的葬礼上，库尔拿出这份遗嘱交到福利机构的公证人手中，但当公证人从信封中拿出遗嘱时，发现遗嘱竟然是一张白纸！

所有的人都惊呆了。这时，参加葬礼的探长看了看遗嘱，坚持认定遗嘱有效。在场的人十分不解，探长为什么这么肯定呢？

29. 愚蠢窃贼

米奇是一位邮票收藏家。这天他和妻子回家见房门被撬，急忙推门进去，正好抓住准备逃跑的窃贼。他们报警后，警官赶到现场。米奇说保险柜里的几枚珍品邮票不见了。窃贼气呼呼地说："我是来行窃的，不过邮票是别人盗走的。"警官不信他的话，又与米奇夫妇仔细地检查房间，结果找到一个纸口袋。他们将纸口袋里里外外查看了一遍，发现在底部有一些鸟粪。

警官立刻给窃贼铐上手铐说："走吧，现在就到你家去取邮票。"米奇夫妇愣住了，不知道邮票怎么一下子就到了窃贼家里呢?

30. "电池"比赛

提瑞是电池城的主人，这个电池城位于"电池"比赛威斯康星州的拉辛市。他在陈列室的地上将 36 块电池摆成了一个正方形，答应提供给任何一个答对的人一次为期两周的费用全免的新泽西州海洋树林之旅。要求如下：参加比赛的人必须从上面拿走 6 块电池，使剩下的每行电池不论在水平方向还是垂直方向都保持偶数。

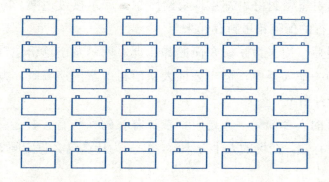

31. 丢番图方程

丢番图方程又名不定方程、整系数多项式方程，是变量仅容许为整数的多项式等式。3 世纪希腊数学家亚历山大城的丢番图曾对这些方程进行研究。丢番图方程的例子有贝祖等式、勾股定理的整数

解、四平方和定理和费马最后定理等。对图形数字的研究属于数论的一个分支，这个分支被称为丢番图分析，专门用来找出联立方程的解。接下去的问题派生自这个研究领域。第11个正方形数可以描绘成11×11的阵列中的121个物体。丢番图分析显示，每个奇数正方形数等于一个三角形数的8倍再加1。你能否指出哪个三角形数代到方程中能得到121？

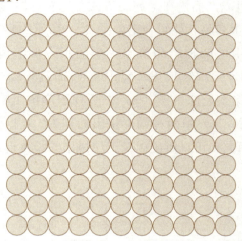

32. 精致的镂空连接器

为了做成一组精致的立方体小笼子，塔尔做了许多个连接器。所谓连接器，就是指连接立方体三个边的聚焦部位，如右图所示。塔尔把这个连接器设置为边长为3a厘米的正方体，其中分别在正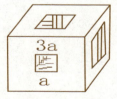方体的前后、左右、上下各面的中心位置挖去一个截口是边长为a厘米的正方形的长方体（都和对面打通）。塔尔在完成这样一个"浩大"的工程后，为了美观又用了一层锡纸把表面包装了一下。他发现，这个镂空的立方体的表面积竟然只有2592平方厘米。那么，你知道塔尔所设置的正方形截口的边长是多少吗？

33."木质地板"设计图

一家木质地板制造厂为了使其产品更为多样化，决定增加如图（1）所示的两种崭新形状的设计。每一种形状都可以看成是由4个单位正方形所组成，而拼在一起的方式可以有许多种。如果使用4块B形状的产品，很容易就能组合出如图（2）所示的4×4正方形。

是否可以用这两种产品拼出更小的正方形？请说明如何拼出面积为5×4、6×4、7×4、8×4与9×4，而且须包含A、B两种形状的长方形？为什么无法用图（1）中两种图形拼出5×3或6×5的长方形？你能用图（1）中两种图形拼出面积为210平方单位的正方形吗？请进一步研究还可以拼出以及无法拼出的长方形。

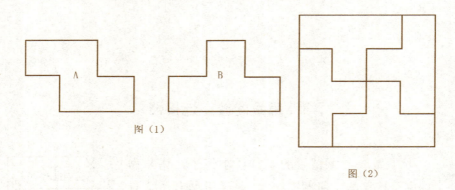

图（1）

图（2）

34.哪杯牛奶冷得快

在同样的条件下，把两杯不同温度的牛奶放到同一个冰箱里，温度高的一杯与温度低的一杯哪个冷得快？

第四章

形象思维名题

1. 飞机"访问"

照下面左图剪下15架飞机，随机放到右图的15条航线上。按照箭头所指的方向，请你找出一条路线，访问全部城市，每个城市访问一次。

对于每种可能的路线，你只通过观察，能说出访问的城市的顺序吗？

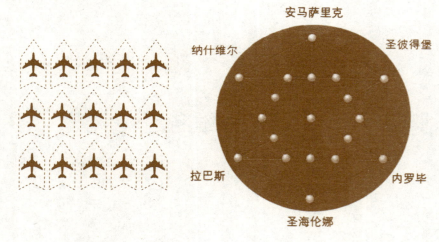

2. 奇妙地板

这块地板是相同的方块铺成的，每个方块沿对角线分成黑色和白色两块。如果地板关于中间的轴对称，能否补完剩下的方块以做出整个图样？

3. 大球 "吃" 小球

著名学者开普勒有着很多研究成果，曾经有一道关于 "球" 的题，让开普勒与幽默的想象思维联系起来了。球题是这样的：你能把多少个相同的球放进一个直径是它们3倍的大球中？

4. 巧搭多边形桥

不动下图中两个黑色三角形的位置，你能把这些多边形边边相接地连在一起吗？

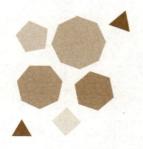

5. 巧妙拼图

有一天，一个自诩为天才的狂妄青年来找 "数学王子" 高斯，扬言要出一道难题难倒高斯。他拿出6块零散的拼图（如下图），让高斯选出两块拼成图形甲。高斯很快就发现了其中的诀窍，并一下子想出了三种拼法，使那个狂妄的青年目瞪口呆。

你知道高斯是怎么拼的吗？

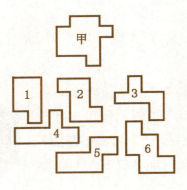

6. 叠放有序的"地毯"

14个正方形叠成了图中所示的长方形。你能确定这些正方形的叠放次序吗?请从最底下的说起。

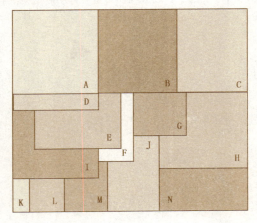

7. 单面"莫比乌斯带"

莫比乌斯是德国著名的数学家、天文学家。公元1858年,莫比乌斯发现:一个扭转180°后再两头粘接起来的纸条具有魔术般的性质,因为这样的纸带只有一个单侧曲面,一只小虫可以爬遍整个曲

面而不必跨过它的边缘。我们把莫比乌斯发现的神奇的单面纸带称为"莫比乌斯带"。

莫比乌斯带有着让人欣喜的用途，例如，用皮带传送的动力机械的皮带就可以做成莫比乌斯带，这样皮带就不会只磨损一面了。如果把录音机的磁带做成莫比乌斯带，就不存在正反两面的问题，磁带就只有一个面了，等等。请问，若是沿着莫比乌斯带的中心环线把它剪开，会得到什么样的带子呢？若是把一只右手手套放到莫比乌斯带所在的空间里，会出现什么情况呢？

8. 等积变图

德国数学家大卫·希尔伯特第一个证明了，任何一个多边形都可以通过切为小块而把它变为另一个面积相等的多边形。上述定理可以用著名的英国谜题专家H. E. 杜登尼的一个谜题加以说明。杜登尼把一个等边三角形切为四块，将其变为1个正方形。请问，你知道杜登尼是怎么切等边三角形的，又是怎么拼成正方形的吗？（答案提示：四块多边形如右图所示。）

9. 能"治牙疼"的摆线

法国数学家、物理学家布莱斯·帕斯卡是17世纪著名的科学家之一，其著名的关于液体压强的传递定律——帕斯卡定律为每一个学习物理的学生所熟知。其实，帕斯卡的数学研究也富有成效。我们知道，摆线问题是数学上有名的曲线问题之一，伽利略、笛卡儿、费马-托里拆利等著名科学家都非常重视并且研究过。帕斯卡为了研究摆线问题经常失眠、牙疼。1658年某夜，难以忍受牙疼折磨的帕斯卡，一气之下奋起工作，竭力思索摆线的道理。倒也奇怪，钻研问题竟使他忘却了痛苦，连续奋斗了八昼夜，终于完成了《摆线论》这部名著。帕斯卡告诉我们，当一个轮子在一条笔直的表面上滚动时，轮子边缘上的一点就画出一条摆线；轮子内部的点画出一条短幅摆线。那么，当火车轮子在铁轨上滚动时，因为视觉暂停，这个轮子圆周上的外点就必然会形成一条长幅摆线。

请试着连续观察，这条长幅摆线的形状将是怎样的呢？

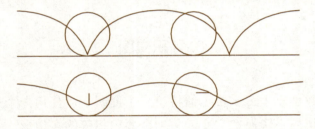

10."正而又正"柏拉图体

有一组非常特殊的立体称为正多面体，它是由古希腊哲学家柏拉图发现的。我们知道，"体"这个词意味着这个物体是三维的。如一块岩石、一颗豆、一座金字塔、一只盒子、一个立方体等。一个多面体，如果它的每个面具有同样的大小和形状，那么这个多面体就是正多面体，被称为柏拉图体。柏拉图体是凸多面体，其边界由全等的正多边形构成，这样的立体只存在五个。

于是，我们可以看到六个正方形所形成的立方体（图1）是一个正规多面体，而图2的盒子就不是正规多面体，因为它的面不全是同样大小的矩形，柏拉图证明了只有五种可能的正规凸多面体。我们

知道，正四面体、正立方体或正六面体都是柏拉图体。这里我们给出这两种柏拉图体的平面图样（如图3、4），你能尝试把它们折成三维的样子吗？那么，你还能得出其他三个柏拉图体都是多少面，平面图是什么样的吗？

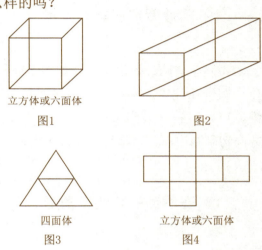

立方体或六面体

图1

图2

四面体

图3

立方体或六面体

图4

11. 错觉式追逐曲线

追逐曲线是两点运动过程中一点总是指向另一点运动所形成的曲线形式，最为常见的便是导弹追逐飞机的轨迹。但实际上，被追逐的飞机不仅是在三维空间中运动，它的速度和飞行轨迹也是在不断变化的，特别是当它要摆脱导弹追逐时会做出各种机动，因此随着飞机和导弹的相对位置的不同，相应的追逐曲线也不同，十分复杂。为了简化这一形式，我们用赫本所玩的一个游戏来表现。

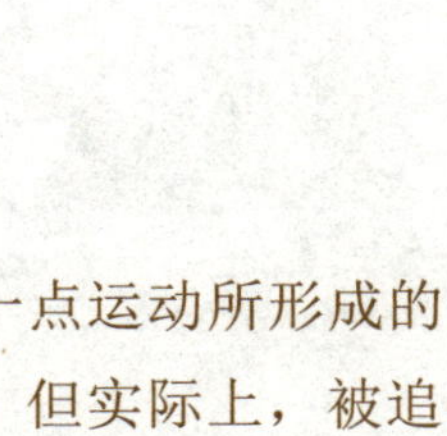

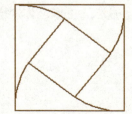

赫本有4条小狮子狗，在经过一番驯养之后变得十分聪明可人。一次，小狮子狗们因为被调皮的主人在尾巴上绑了不同颜色的彩带而开始互相追逐相邻小狗的

尾巴。恰巧，它们是从正方形的四个角上出发，那么，你认为这四条小狮子狗所跑的路径会是什么样子的呢？

12. 阿波罗尼奥斯与圆锥

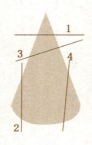

希腊学者阿波罗尼奥斯在他写于公元前225年的著作《圆锥曲线论》中指出，用平面从不同角度切割圆锥，可以得到一组曲线。图中，一平面沿1～4这四个方向切割圆锥，分别将得到什么曲线？

13. 赛明顿的等边三角形

在电视机还没有出现时，当人们晚上围坐在餐桌前闲聊，思维游戏就成了甜点之后最流行的娱乐方式。这里所说的就是"剪刀手"赛明顿向人们炫耀的三角题。他手里拿着一张等边三角形的纸，然后将它剪成5块；他随后把这些小块分别组成4个小的等边三角形（并不是所有的纸块在组成三角形时都会用上）。所有纸块都是三角形。你知道他是怎么剪的吗？

14. 横向思维走遍天下

拿走4根火柴，将剩下的重新排列，使最上面一排、最下面一

排、最左边一列和最右边一列的火柴数量的总和仍然为9。

只有善于进行横向思维的人才会找出另外一种方法，你能吗？

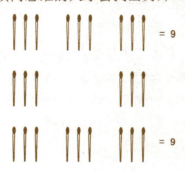

15. 感受二维空间里的"怪异"

我们已经知道，在二维空间里，任何东西都是平面的，没有高度，那么，当一个圆球接近一个我们划定的平面，而且不受任何阻碍地接触平面并通过平面时，你认为二维生物会看到什么？

16. 魔方展开是什么样

哪个立方体上的图案跟平面展开图形上的图案完全相同？

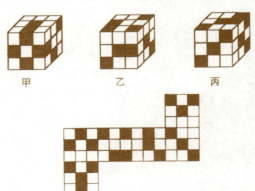

甲   乙   丙

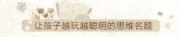

17. 四维生物遇见三维空间

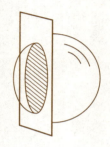

　　有了二维生物对三维的想象，并且加上我们所处的三维空间和我们对四维空间的了解，这道题便是小菜一碟了。请问，如果一个四维球从太空中进入大气层，落入我们居住的三维空间，情况将是什么呢？

18. 四维空间

　　左撇子棒球投手无意中买到一个普通的球（掷入左手的球），当他发现自己上当后，肯定要到运动器具店去退换。我们三维世界的人类可以把纸做的（二维）轮子的内侧转到外侧，再把外侧转到内侧，因为不是四维人，我们的生活需要"配对"，需要调整。如果来一个四维生物，你认为会怎样？

19. 这个怪物非比寻常

　　这个非比寻常的动物身上一共包含了几种动物的特征呢？请从下面的动物名单中把它们找出来：狮子、长颈鹿、老鼠、猫头鹰、大象、马、山羊、熊、斑马、猎豹、鳄鱼、猴子、狐狸、水牛、鱼、猫。

20. 透视这个建筑物

一个建筑物，从正面看如图1所示，从右看上去如图2所示，从上面看如图3所示。你知道这座建筑物的实际立体图是什么样的吗？

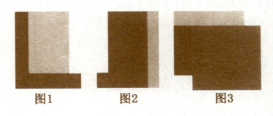

图1　　　　图2　　　　图3

21. "旋转"让世界更美好

下面的表格被分成了多个不同的图形，每个图形的中心都有一颗星星，而且所有这些图形都是中心对称的——旋转180°，图形保持不变。这些图形分别是什么样的？

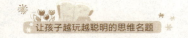
22. 发达的城市

　　M城的街道由20×20个小正方形组成的整齐的方格网交织而成。在某些十字路口处设有地铁车站。现知不论从任何地点出发到街道上，都只需沿着街道走不超过两个路段即可到达地铁车站。试问，M城市至少有多少个地铁站？

23. 两个表针泄露了大秘密

　　在作案现场，警方发现了一堆支离破碎的手表残件。手表的长针和短针正指着某个刻度，而长针恰好比短针的位置超前1分钟，此外再也找不到更多的线索。警方却从中找到了凶犯作案的时间。这个时间该是几点几分呢？

24. 飞机上所能看到的

　　直升飞机飞行在一个大牧场上空，从飞机上俯视，看到如图所示的一排长度相同的木桩和牛棚窗口，正好排成一条整齐的直线。

俯视这一情景的A说："从牛棚小窗看，牛任何时候好像只与一根木桩相重叠。"大家都认为这是对的。但一问牛棚主人，牛棚主人却说从窗口可以看到两根木桩，这是什么道理呢？已知桩子长度与窗口高度一样，都是1.5米。

25. 有问题的高速公路简图

某个国家有一个高速公路规划，在这个规划中，规定车辆一律右侧行驶，有7个出入口都可以进出；车辆交通规则跟普通公路一样，禁止掉头或者倒车。但有人看了图纸后，总觉得有问题。那么，问题在哪里？

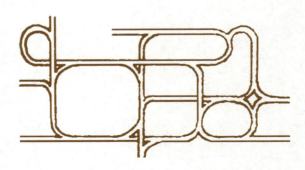

26. 神奇的苹果皮

苹果是人们常吃的水果，削苹果几乎人人都会，假如把苹果皮按一定宽度连续削下来（中间不能断），平放在桌面上，应该是什么形状呢？

第五章

迂回思维名题

1. 国王与皇后

国际象棋走法是这样的：皇后棋可以横、竖、斜走动任意格数，威力强大，而国王也可以横、竖、斜走，但每步只限走一格。每方每次都得走动，不得弃权。现在有这样一道题：在3×4的棋盘上，白方的皇后棋在c2，而黑方的国王棋在a3。你得用白方的皇

后去迫使黑方的国王走入右上角有问号的d3格内（如左图所示）。这是苏联的马米孔于1975年在《科学与生活》的智力栏目中发表的一道小型棋盘上的智力题。试试看，应该怎么走？

2. 阿基米德与"鞋匠刀"

《定理汇编》是一本十分重要的书籍，其阿拉伯文译本至今尚存，包括属于阿基米德等一些天才的几何定理。其中有一些是关于鞋匠刀形的，即由在同一直线上的3个半圆围成的图形。鞋匠刀形是一个十分漂亮又略显诡异的图形，阿基米德在经过艰苦的运算之后求得了与3个半圆都相切的圆的半径关系。500年后，帕普斯把以下事实描绘为一个古代问题的结果：如果在鞋匠刀内画一连串相切的圆，那么第n个圆的圆心离底线的高度是它的直径的n倍。这是多么神奇的数学啊！

现在，请你试着观察一下，鞋匠刀形的面积与线段AC有着什么

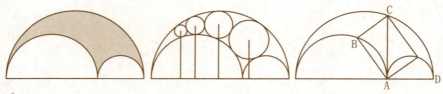

样的关联呢？如果鞋匠刀形内两个内切圆位于AC的两侧，并与AC相切，那么这两个圆又有着什么样的关联呢？不要忘记回顾整个题哦。

3. "一次走遍"哥尼斯堡七桥

在18世纪的哥尼斯堡城里有7座桥（4座分别从两岸连接一个小岛，2座分别从两岸连接1个半岛，还有1座连接小岛和半岛）。当时有很多人想要一次走遍7座桥，并且每座桥只能经过一次，这就是世界上很有名的哥尼斯堡七桥问题。哥尼斯堡七桥问题可以追溯到1736年瑞士数学家欧拉的解答，他采用了今天人们称之为网络的拓扑学知识。请问，你能根据欧拉的提示试着一次走遍这7座桥，而又不重复吗？

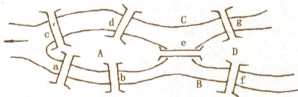

4. 门萨的时空迷宫

目前世界上最成功、最有影响的智力俱乐部之一是"门萨俱乐部"。门萨的英文名称是"MENSA"，这个俱乐部1946年成立于英国牛津，创始人是律师罗兰德·贝里尔和科学家兼律师兰斯·韦林，他们号召高智商的人士加入。它能够成功，主要在于它设计的智力训练题十分有趣而多样，具有高难度，既能引起会员的兴趣，又确实对提高人的智力有好处，因此有"世界第一智力俱乐部"之称。今天，门萨俱乐部拥有10万多名会员，遍及世界100多个国家和地区。上面这幅图，就是门萨俱乐部的一个经典题，寓意科学的发达。你能试着走一下这个迷宫吗？

5. 艾伦的电路题

著名思维大师艾伦拎着他的电路题来看我们了！观察下图，你认为下面哪一个选项可以使电路畅通？

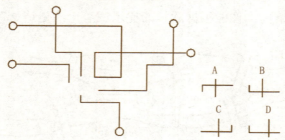

6. 我是小小"电路专家"

思维大师艾伦曾别出心裁地发明了一种电路游戏，你能运用你的智慧选出下面哪一个选项能使电路畅通吗？

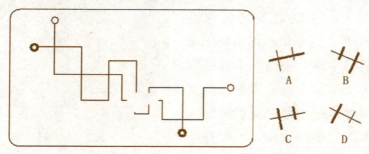

7. 一笔画图形

　　道廷奇教授参加了国际思维游戏竞赛，下图中的他正在寻找解答第77道题的良策。这道题要求一笔将图形画出来，既不能使直线相交，也不能在画的过程当中把铅笔从纸上抬起，更不可以把纸任意折叠。道廷奇教授很快就画出来了，你可以吗？

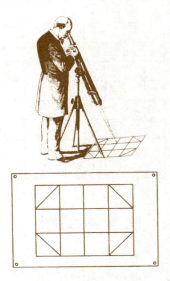

8. 妙守"伦敦塔"

　　在古代，关于国王的趣闻总是为人们所津津乐道，汤米·莱德斯给谜题国的国王帕泽尔佩出的一道著名的"伦敦塔"问题就流传了很久。图中的A、B、C、D、E分别代表伦敦塔的5名守卫。每当日落的时候，A、B、C、D四人都会迅即走出A、B、C、D　4个出口，鸣枪示意，唯有E会从起始点走到F位置。如何给这5名守卫找到五条路线，让他们走时均不经过其他人所走的路线？下图中已标出A、B、C、D、E 5个人的位置以及他们需要通过的4道门的位置。汤米说，当你知道怎么走之后，这道题其实很简单。

汤米的第二个问题比第一个更好。

每到午夜，1名守卫就会从图中的W入口处进入塔内，然后迈着庄严的行军步伐走遍所有的64个房间，最后走到图中的深色格子处。由于长期的经验，守卫们都知道如何在尽可能少拐弯的情况下走完所有的房间，并且不重复经过这些房间。你能找到这条路线吗？

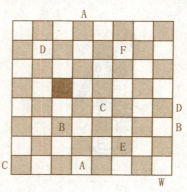

9. 周游的骑士

"周游的骑士"是一道很有名的数学谜题。

"骑士"这个棋子的走法，只能往前后左右移动一格后，再往斜方向移动一格（如下图所示）。

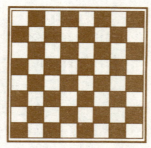

用"骑士"将8×8西洋棋盘上的每一格都恰好走过一次,然后回到原点,同一格不可停留两次。怎么走?

10. 派波尔教授的幻灯片游戏

下图是派波尔教授于1896年在伦敦的埃及礼堂展示的著名的幻灯片思维游戏。在这个题当中,3张纸牌并排放置,正面朝下。下面给出了线索:有一张牌是2,它在K牌的右边;一张方块牌位于一张黑桃牌的左边;一张A牌位于一张红桃牌的左边;红桃牌位于黑桃牌的左边。那么,你可以把每张牌都猜出来吗?

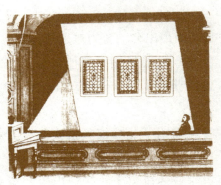

11. 爱丽丝的爱情题

爱丽丝喜欢漫游,这是一件连圣诞老人也知道的事情。于是,在2010年的元旦,圣诞老人在袜筒里塞进了一辆甲壳虫汽车送给漫游的爱丽丝。爱丽丝收到礼物后非常高兴,不经意间就驾车跑上了丘比特的正六边形城堡公路(如右图所示)。她是从A出发,沿着向右行驶的,她不知道,丘比特已经暗

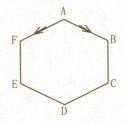

中为她安排了情感的际遇……

爱丽丝出发2分钟后，贝克也驾驶一辆甲壳虫汽车，从A点沿着这正六边形的公路向左行驶了。爱丽丝和贝克第一次在D相遇，因为她玩得太疯而忘记了看这个帅帅的小伙子。而第三次在C处相遇时，贝克终于忍不住喊道："嗨！"爱丽丝甜甜地笑了一下，丘比特在暗中搭上了第七支箭。假使爱丽丝、贝克两人驾驶的甲壳虫汽车都按一定的速度行驶，那么第七次两车相遇，爱情奇迹降临，是在哪个地方呢？

12. 互不交叉的路

萨姆·罗伊德是美国最出名的智力难题设计家。

他14岁那年，就在《纽约星期六信使报》上发表了第一个国际难题。到20岁时，他就获得了"娱乐活动史上最伟大的国际难题发明家"的称号。

罗伊德在10岁时就发明了一些很吸引人的智力难题。其中有一道难题是这样的：三个家庭合用一个院子（如图）。这三家人分别从不同的院门，即正对着各自屋子的院门出入。后来，一场争吵之后，每家都在院内修了一条通向自己进出院门的小路，这三条小路互不交叉。请问他们是怎样修的呢？

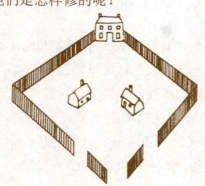

13. 奇异的"千门阵"

请从入口处顺利地走到出口处。

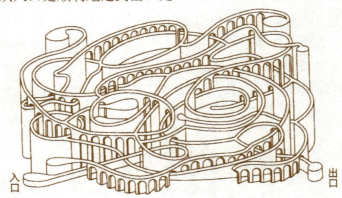

入   出

14. 作家和他的 5 只狗

在一个欧洲作家写的小说中谈到，他乘坐5只狗的雪橇从滑雪场赶到自己的住地去，因为自己的爷爷突发心脏病。

在这篇小说里，有好几个极有趣的细节，可以构成极有趣的题目。

在途中第一个昼夜，雪橇以作家规定的速度全速行驶。一昼夜后，有2只狗扯断了缰绳和狼群一起逃走了。于是，剩下的路程作家只好用3只狗拉雪橇了，前进的速度是原来速度的3/5。因此，作家到达目的地的时间比预定时间迟了两昼夜。

对这件事，作家写道："逃跑的2只狗如能再拖雪橇走50公里，那我就能比预定时间迟一天到。"

从滑雪场到作家的住地有多少路？

15. 逃不开的多米诺骨牌

一套包括（0，0）到（7，7）所有数字组合的多米诺骨牌竖放在下面右边的格子中，每张骨牌上的上部分的数要大于下部分的数。格子上面的数是这一列的所有骨牌上部分的数，格子下面的数是这一列的所有骨牌下部分的数。格子左边的数是与之相对应横行的骨牌上的数。所有给出的数都是打乱了顺序，按照数字从大到小的顺序重新排列的。请问，原来多米诺骨牌的顺序是怎样的？

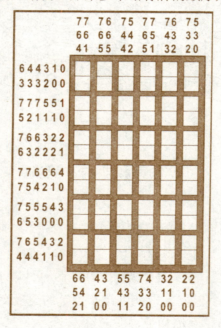

16. 巧分月牙

如果把右图的月牙形用两条直线分成6个部分，请问，该怎样画这两条直线？

17. 囊中探物

　　一段透明的两端开口的软塑料管内有11个大小相同的圆球，其中6个是白色的，5个是黑色的（如下图所示）。整段塑料管的内径是均匀的，只能让1个球勉强通过。既不能先取出白球，又不能切断塑料管，那么，用什么办法才能把黑球取出来？

18. 钢筋架上的迷宫

　　下面是一座由钢筋架建成的迷宫，入口和出口位置都标出来了，那么你可以从里面走出来吗？

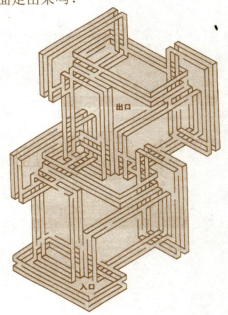

19. "十岩探险"中的英明领导者

英国每年都有成千上万的年轻人参加著名的"十岩探险"。整个探险路线包括走完所有著名的岩石，即下面地图中所显示的地点。在正式探险日前几个月的周末，经常可以看见一些人在当地做野外训练。某个周六，一支队伍于出发前先在地图上规划路线，他们打算从布雷克岩出发，然后经过地图上标示的所有位置，再回到出发点。你可以帮他们找出最短的路径吗？

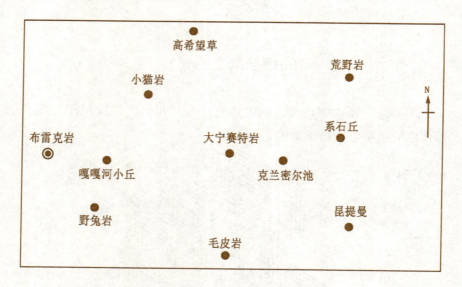

第六章

急智思维名题

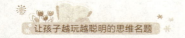

1. 比利·索尔皮的互动

比利·索尔皮是一位思维游戏天才，在台上表演时，他经常解答观众提出的题，此时他正面临一个巨大的挑战。最近，一家思维游戏俱乐部的老板十分肯定地认为比利不可能在3分钟之内把下图中的幻方题解答出来，并且他答应如果比利成功的话，他将为比利所热衷的慈善事业捐献1万元。

在这个题中，比利需要将左图中格子内的数字重新排列，使每行、每列中的数字不能重复出现；同时，两条对角线上的数字也不能重复出现。如果排列正确的话，那么每行、每列中的数字相加的总和为10。比利真的在3分钟之内把这个难题解答出来了，那么，你呢？

2. 毕达哥拉斯的学生

在一次迎接毕达哥拉斯的宴会上，国王问毕达哥拉斯："你带领了几个学生？"毕达哥拉斯答道："尊敬的萨摩斯国王，请看，学生的1/2正在做着极有趣的数学；学生的1/4正在从事自然和长生不老奥秘的研究；还有1/7默默地按照我的教育在修身养性。除了这些学生，还有三个小姑娘，在这三人中，只有伊莎贝拉最出众，我

只把这个学生带到永恒的真理之泉。"请问，毕达哥拉斯共有多少学生？

3. 华生的孩子

一天，华生医生请神探巴奇做客。巴奇说："请告诉我，您有几个孩子？"华生："这些孩子不全是我的，那是4户人家的孩子。我的孩子最多，弟弟的孩子其次，妹妹的孩子再其次，叔叔的孩子最少。但他们不能按每列9人凑成两队。可真巧，这4户人家的孩子数相乘，恰好是我家门牌号，而您知道我家门牌号是144号。"巴奇依据这些，很快算出了各家的孩子数。请问，这4家每家孩子各有几个？

4. 一个炸弹拆除专家的经历

著名思维大师伊万大师为他的千万读者们出过这样一道有些危险的思维题，你也来加入吧！时钟在嘀嗒作响，你必须在炸弹爆炸之前拆除它的引信，可以把它的线剪成两部分，即从底部的蓝线到顶部的绿线，穿过中间错综复杂的红色线网，剪尽可能少的次数。你可以剪断这些线，但是不要剪到中间的连接结点（黄色的圆点）。快点，在炸弹爆炸之前！

5. 大师约翰·马斯基林

图中所示的那个人正是19世纪90年代著名的盘子旋转大师约翰·马斯基林。他可以同时使6个盘子和1个脸盆旋转5分多钟。现在，他有一个关于盘子的游戏等着你。他向你提出挑战：看谁能将盘子的中心点稳稳当当地放在针尖上，而这根针插在瓶口的瓶塞上。你可以利用4个叉子和2个瓶塞来完成这个看似不可能完成的表演。如果你能够正确使用，你就可以与马斯基林先生不相上下。把盘子平稳地放在针尖上后，就可以开始旋转这个盘子了。

6. 扑克筹码

了不起的龚德尔斐魔镜可以看到一切、知道一切、说明一切……只要花25元买一张票。当他表演时，龚德尔斐在屏幕上展示了他从全世界搜集来的著名思维游戏题。下图中所放映的正是置人于困境的拉斯维加斯扑克筹码。人们为了解答这道难题花费了许多

钱。这道题是将5个扑克筹码排成两行，其中一行有3个筹码，而另一行要有4个筹码。这个题最难的地方就是你只有60秒的时间来解决这个问题。

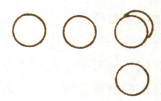

7. 一个古老而简单的名题

法雷现在已经智穷力竭了，他解决不了这个古老的难题：将1～9按顺序写下来，将1个减号和3个加号插在某些数位之间，使数学表达式的结果等于70。

8. 萨尔兹堡方块思维游戏

萨尔兹堡方块思维游戏是要把由20个边长为2厘米的正方形组成的大巧克力板分成9份，这9份巧克力在重新排列之后可以拼成4个大小相同的完整正方形。

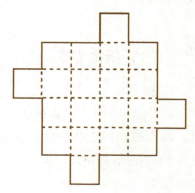

9. 阿基米德智烧敌船

一次，罗马帝国派出大批战船去征服叙拉古王国。看到战船来到，叙拉古的国王吓得胆战心惊。站在国王身边的阿基米德是赫赫有名的科学家，他胸有成竹地对国王说："陛下不用担心，我们有阿波罗神助威，一定让他们有来无回。"在火辣辣的阳光下，阿基米德吩咐士兵把几百面凹面镜放在城堡上，镜面对准战船。不一会儿，战船上的白帆就开始冒出青烟，被海风一吹，很快地就着起了火，火越烧越大。罗马帝国的士兵乱成一团，纷纷往大海里跳，结果不是被烧死，就是被淹死。后面的战船以为叙拉古有什么妖术，吓得调头逃命。

叙拉古就这样得救了。你知道是什么原因吗？

10. 四四联手

4444＝1；4444＝2；4444＝3；4444＝4；4444＝5；4444＝6；4444＝7；4444＝8；4444＝9。请在4之间填上＋、－、×、÷、（ ）等运算符号，使算式成立。

11. 拆弹专家

要拆除这个爆炸装置，你必须按照正确的顺序按下按钮，直至到达"PRESS"按钮。每个按钮只能按一次。按钮上的"U"表示向上，"D"表示向下，"L"表示向左，"R"表示向右。按钮上的数字表示移动的次数。

你首先必须按下的按钮是哪一个？

12. "寒酸"的爱因斯坦

世界著名物理学家爱因斯坦在成名之前一直过着清贫的生活。有一次，当一位反对他的理论的同行在街上遇到他的时候，爱因斯坦正穿着他的那件破旧的大衣。这个人嘲笑他穿了这样一件衣服，爱因斯坦满不在乎地回答说："反正这里的人都不认识我。"

等到爱因斯坦因为他的相对论而享誉物理学界的时候，这个人又一次在街上遇到了他。而此时的爱因斯坦还是穿着那件破旧的大衣。于是这个人便又假惺惺地问爱因斯坦为何还穿得这么寒酸，聪明的爱因斯坦稍加思索，便用一句话再次驳倒了那个人。

爱因斯坦到底是如何对自己的旧大衣做出解释的呢？

13. 正确的反演法

6世纪印度数学家阿利耶波多提出这样一个问题："带着微笑的美丽少女，请你告诉我，按照你理解的正确的反演法，什么数乘以3，加上这个乘积的3/4，然后除以7，减去此商的1/3，减去52，加上8，除以10，得27。"你知道这个数是多少吗？

14. 智取稿酬

英国著名戏剧家萧伯纳将自己新近完成的一个剧本交给法特利剧院，由他们排练上演，并签下合同：在剧场演出25场获利5万英镑的前提下，剧院付给萧伯纳5000英镑的稿酬。

演出开始后，上座情况空前的好，当第25场上演时，萧伯纳来领取稿酬，剧院经理无可奈何地说："对不起，这25场演出一共收入了49996英镑。"

萧伯纳知道经理想赖账，但并不分辩，而是转身走去，以一个很平常的举动，使经理不得不交出钱。

他是怎么做的呢？

15. 王子的数学难题

传说，从前有一位王子，有一天，他把几位妹妹召集起来，出了一道数学题考她们。题目是：我有金、银两个首饰箱，箱内分别装有若干件首饰，如果把金箱中25%的首饰送给第一个算对这个题目的人，把银箱中20%的首饰送给第二个算对这个题目的人。然后，我再从金箱中拿出5件送给第三个算对这个题目的人，再从银箱中拿出4件送给第四个算对这个题目的人。最后，我金箱中剩下的比分掉的多10件首饰，银箱中剩下的与分掉的比是2∶1。谁能算出我的金箱、银箱中原来各有多少件首饰？后来，令这位王子感到惊讶的是，他的几个妹妹几乎同时算出了这道题。于是，可怜的王子只好把所有的首饰都送给了公主们。那么你能根据王子所给出的提示算出答案吗？

16. 迫不及待的看望

这个故事发生在自行车刚刚出现的时候。一天，有2名年轻的骑车人——贝蒂和纳丁准备骑车到20千米外的乡村看望姑妈。当走过4千米的时候，贝蒂的自行车出了问题，她不得不把车子用链子拴在树上。由于很着急，她们决定继续尽快向前走。她们有2种选择：一是2人都步行；二是1个人步行，1个人骑车。她们都能以每小时4千米的速度步行或者以每小时8千米的速度骑车前进。她们决定制订一个计划，即在把步行保持在最短的距离的情况下，利用最短的时间同时到达姑妈家。那么，她们是如何安排步行和骑车的呢？

17. 聪明的女间谍

第一次世界大战时，德国女间谍玛利奉命搜集法国的机密情报。她先借机与法国的重要人物摩尔将军相识，然后以好友身份到摩尔将军家里做客，偷偷将安眠药放在摩尔将军的酒里，将他灌醉。

将摩尔将军灌醉后，玛利立即找到他的保险箱，想拿到保险箱里的重要情报。但是，她并不知道保险箱的密码，试了好几次都没有打开。这时候，她想起摩尔将军平时是一个很健忘的人，一个健忘的人应该会把重要的密码写在某个地方的。于是，玛利立即观察保险箱周围的情况，保险箱上没有任何标记，旁边也没有任何记有密码的痕迹，只有一只停摆的钟，指示时间为9点35分15秒。观察片刻后，玛利找到了密码。

聪明的你，知道密码藏在了什么地方吗？

18. 无聊的赌馆

在华盛顿的一家无聊的赌馆里，A、B两个人各自把自己的空杯子摆成如下图所示的样子。然后，一个监督的人把盛有泻药的杯子放在C或者D位置上。3个人决定，要把泻药一次一次地顺次倒入相邻的空杯子里，倒到第55次，轮到倒入谁的杯子，谁就得把杯子中的泻药喝下去。

如果你是这个监督人，并设法使A不受害，那么盛有泻药的杯子应放在C处还是放在D处？

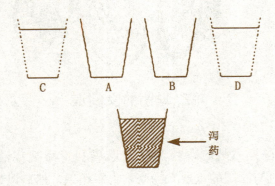

19. 140 分钟做成的"大链圈"

蒂莫西有13根链条，每根链条都是中间1个链环与旁边两个链环互扣。一共有13×3＝39个链环，全都是闭合链环。

蒂莫西想把所有这些小链条做成1根有39根链环的首尾相接的链。把1个链环割开他要花4分钟时间，而把它焊接则要花10分钟时间。

蒂莫西用140分钟做成了这个大链圈。他是怎么做的呢？

20. 自杀？他杀？刑警一眼识破

洛杉矶市的某饭店，一客人服毒自杀，接到报警的洛杉矶警察局刑警科伦坡赶来验尸。

死者躺在床上，是个中年绅士，的确是中毒死亡。

"是3天前住进饭店的英国客人，桌子上有封遗书。"饭店的经理给他看了遗书。

遗书是用打字机打的，只有署名和日期是手写的。日期是"3.15.90"，即1990年3月15日，也就是昨天。

"你是说这个客人是英国人？那么这份遗书是伪造的，是伪装自杀的他杀。凶手有可能是美国人。"科伦坡刑警读罢遗书后马上下了结论。

那么证据是什么？

21. 角斗士斯巴达克智胜对方

斯巴达克曾是一名角斗士。一次，他被安排参加了团体角斗。

在残忍的比赛中，他的同伴一个个都倒在了血泊里。这时对方也只剩下三个人。从个人的搏斗技来说，斯巴达克技艺超群，力大过人，但对方现在是三个人，而且都是强手。一个人对付三个强手的攻击，是很难招架的。

就在人们以为斯巴达克要失败的时候，他急中生智，想了一个办法，获得了角斗胜利。他是怎么做的呢？

22. 聪明的富豪

富豪临走前留下一张纸条放在电脑旁，纸条上有一个算式：101×5，很明显，富豪是想告诉家人一些事。富豪有一个聪明的儿子，他看出了端倪，急忙说："爸爸可能遇到大麻烦了！我们要赶快报警。"那么，你知道富豪到底想跟家人说什么吗？

23. 枪击案

刚刚发生了一场枪击案，枪响后，酒吧里只有哈瑞一个顾客。

他刚刚喝了一口咖啡，就看到三个人从银行里跑出来，穿过马路，跳上了一辆等在路边的汽车逃走了。

不一会儿，一个修女和一个司机进了酒吧。

"二位受惊了吧？"哈瑞没有仔细打量这两个人，就说，"来，我请客，每人喝一杯。"

两个人表示感谢。修女要了一杯咖啡，司机要了一杯啤酒。三个人谈起了刚才的枪声和飞过的子弹，偶尔喝一口杯子里的饮料。这时，街上又响起了警笛声。抢劫银行的犯罪嫌疑人被抓住了，送

回银行验证。哈瑞走到酒吧的大玻璃窗前去看热闹。当他回到柜台边时，那个修女和司机再次谢谢他，就走了。

哈瑞回到座位上，看着旁边空空的座位和杯子，有一个杯子的杯口处还隐约有些红色，他突然明白了什么，叫起来："哦！这两个家伙是刚才银行抢劫犯的帮凶！"说完赶紧报警。

请问，是什么东西引起哈瑞的怀疑呢？

24. 必然会输的侦探

在一幢公寓的大厅前，侦探和女盗相遇。女盗向侦探打招呼："好久不见，你来此办事呀？"

侦探答："哦，我把记事本忘在地下三楼了，正要去取。你呢？"

"哎呀，我也是呀，我的通讯录忘在了三楼。怎么样，亨利先生，咱们来场比赛吧。"

"比什么？"

"不乘电梯，看咱们谁先取回东西回到正门。"

"好，那就来吧。"

于是两个人同时奔向楼梯口，侦探却忽然停住了脚步，说："糟了，中计了，我肯定输定了。"

请问：为什么侦探会这么说呢？

25. 枪击玻璃

警探在调查一件枪杀案时，发现凶手穿过玻璃窗打了5枪才命中了目标，如图所示，你知道这5枪的顺序吗？

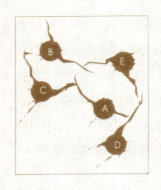

26. 与通缉犯面对面斗智

一天，福特探长来到金冠大酒店，他发现这里喝酒的人中有一伙人正是国际刑警组织在通缉的一伙在逃犯。这伙犯罪嫌疑人不知道福特的真实身份，因此谁也没注意他。为了迅速捉拿这些人，探长便用电话通知警方。探长装着和女朋友通电话，这伙人听到的电话内容是这样的："亲爱的罗莎，您好吗？我是福特，昨晚不舒服，不能陪您去夜总会，现在好多了，幸亏金冠大酒店经理上月送我的特效药。亲爱的，不要和目标生气，我们会永远在一起的，请你原谅我失约，我的病不是很快就好了吗？今晚赶来你家时再向你道歉，可别生我的气呀！好吧，再见！"

这伙人听了大笑不止，可是5分钟后，警方突然出现在他们面前，他们不得不举手投降。

请问，福特是如何向警方提供情报的？

27. 谎言往往不堪一击

昨晚下了一场大雪，今早气温降到了−5℃。刑警询问某案的犯罪嫌疑人，当问到她有没有昨夜11点左右不在作案现场的证明时，

这个单身女人回答："昨晚9点钟左右，我那台旧电视机出了毛病，造成短路停了电。因为我无法自己修理，就吃了片安眠药睡了。今天早晨，就是刚才不到30分钟之前，我给电工打了电话，他告诉我只要把大门口的电闸合上去就会有电了。"

可是，当刑警扫视完整个房间，目光落在水槽里几条活蹦乱跳的热带鱼时，便识破了她的谎言。

28. 名侦探就是不一样

名侦探霍尔陪同警长福特驱车来到一家农舍。这家农舍的主人温斯顿被指控杀人。

警车刚停在温斯顿的轿车旁边，温斯顿就抱着个光屁股的小孩子走了出来。福特拔枪指着温斯顿，叫他举起手来。温斯顿连忙把孩子轻轻放在自己轿车的保险杠上，举着手问警长："发生了什么事？"

警长说："有人证明你昨晚进入穆萨家。半小时后，穆萨的太太发现丈夫被人勒死。"

温斯顿说："那人是搞错了，从昨晚8点到现在我一直在这部车里，我从费城回到家才5分钟。"

正说着，光屁股的小孩子爬到汽车的发动机罩上，高兴地唱着歌。

警长看了看手表说："从费城到这里600英里的路程，你才用了12个小时多一点？"

温斯顿口气强硬起来："你凭什么证明我不能？"

霍尔接过话茬："再容易不过了。"

霍尔凭什么戳穿了温斯顿的谎言？

29. 引起警长怀疑的原因

"我驾车经过贵店时，因消化不良肚子突然痛得要命，"警长抱歉地说，"您这儿有小苏打吗？"

60多岁的老妇人达菲夫人听了不觉笑了起来。"您坐在厨房里别动，警长先生。"她说，"我这里没有小苏打，但我可以为您倒一杯上好的浓茶，它对消化不良有奇效。"

警长喝完茶，起身告辞说："我觉得好多了，非常感谢！"

他走出室外，见达菲夫人的小型送货卡车停放在南屋旁。他一直认为那里就是老太太的面包房，她在那里制作面包和糕点在高速公路旁出售。他仔细打量车上的红漆广告："达菲大婶自制的馅饼、点心和面包。"然后若有所思地盯着小店望了一会儿。

一小时后，警长拿着搜查证又回到达菲夫人的小屋。经搜查，发现达菲夫人的馅饼、点心和面包不过是将买来的商品撤去了包装，而出售的威士忌酒则是彻头彻尾的非法酿制品。

究竟是什么引起了警长的怀疑？

30. 爸爸的问题

琳达平时很热爱劳动，同时也非常聪明。一天爸爸问他："假如有一天你去学校，发现有人忘记关水房中的水龙头，以致水房中积了很多水。这时，在你面前有一个拖把、一块毛巾、一只水桶、一把扫帚，以及一根引水用的水管。见到这种情况，你应该先做什么？"

琳达一听，很快说出了令爸爸满意的答案。你知道琳达是怎么回答的吗？

31. 老夫妇的疑点

星期一下午，百货公司门前的大钟指在4点20分。营业厅里熙熙攘攘。安妮小姐正在31号收款台收银。一对上了年纪的夫妇缓缓朝她走来。他俩是下午2点50分来公司的。他们来到收款台前，男的把购货车里的商品一一拿出来让安妮结账。1包苹果，2瓶洗发膏，3包火柴，5本杂志，1条围巾和2听罐头。安妮要伸手拎热水瓶时，男的急忙解释道："小姐，这不是在这儿买的，是我们随身带的。瓶里装的是咖啡，我妻子每20分钟要吃一片药，遵医嘱用咖啡服药。"说着，旋开瓶盖，顿时空气里飘逸着诱人的咖啡香。

安妮扫了一眼满满的一瓶咖啡，便抓起内线电话，向安全部负责人汇报了自己的疑点。两分钟后，这对夫妇被扣留了。经检查，热水瓶里的咖啡下面藏着偷来的价值600英镑的珠宝。

安妮发现了这对老夫妇的什么疑点？

第七章

博弈思维名题

1. 纽科姆悖论

蜈蚣博弈是由罗森塞尔提出的。它是这样一个博弈：两个参与者A、B轮流进行策略选择，可供选择的策略有"合作"和"背叛"（"不合作"）两种。假定A先选，然后是B，接着是A，如此交替进行。A、B之间的博弈次数为有限次，比如10次。假定这个博弈各自的支付如下：

$$A \rightarrow B \rightarrow A \cdots\cdots A \rightarrow B \rightarrow A \rightarrow B \rightarrow (10,10)$$
$$\downarrow \quad\quad \downarrow \quad\quad \downarrow \quad\quad \downarrow \quad\quad \downarrow \quad\quad \downarrow \quad\quad \downarrow$$
$$(1,1) \quad (0,3) \quad (2,2) \quad (8,8) \quad (7,10) \quad (9,9) \quad (8,11)$$

博弈从左到右进行，横向箭头代表合作策略，向下的箭头代表不合作策略。每个人下面对应的括号代表相应的人采取不合作策略。博弈结束后，各自的收益，括号内左边的数字代表A的收益，右边的数代表B的收益。

现在的问题是：A、B应该如何进行策略选择？

2. 天文学家分牛

1773年，有人发现了一册宝贵的古希腊文献的手抄本，上面记载了所谓"阿基米德分牛问题"：阿基米德把这一问题送给古希腊亚力山大城的天文学家厄拉多塞尼，向这位亚力山大的名人挑战。他的问题如下。

西西里岛的草地上，太阳神的牛群中有公牛也有母牛，公牛、母牛都是白、黑、花、棕四种毛色。白色公牛多于棕色公牛，多

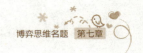

出的头数是黑色公牛的（1/2＋1/3）；黑色公牛多于棕色公牛，多出的头数是花公牛的（1/4＋1/5）；花公牛多于棕色公牛，多出的头数是白色公牛的（1/6＋1/7）；白色母牛是黑牛的（1/3＋1/4）；黑色母牛是花牛的（1/4＋1/5）；花母牛是棕色牛的（1/5＋1/6）；棕色母牛是白色牛的（1/6＋1/7）。

你能替这位天文学家分一下牛吗？各种牛最少有多少头？

3. 拿破仑这位"常胜将军"

一年冬天，拿破仑的法兰西帝国军队排列整齐，开始向荷兰的重镇出发。荷兰的军队打开了所有的水闸，使法兰西军队前进的道路被滔滔大水淹没，拿破仑立即下令让军队向后撤退。正在大家感到焦虑的时候，忽然拿破仑看到一只蜘蛛正在吐丝，于是他果断地命令部队停止撤退，就在原地做饭，操练队伍。两天过去，漫天的洪水并未席卷而来。后来在拿破仑的带领下，荷兰的重镇被攻破了。

你知道是什么使拿破仑改变了主意，并取得最后的胜利吗？

4. 命悬一线的旅游车

某旅游点发生了事故，一架损坏失控的汽车向悬崖开去，营救人员急忙跑去营救。营救人员跑的速度比失控汽车的速度快1倍，汽车在距路边悬崖80米的位置上，营救人员在汽车后180米的位置上，营救人员能在汽车开进悬崖之前追上汽车吗？

5. 古波斯果园的"贿赂"

在古波斯有个谜题：一个女人去果园里摘苹果，果园有四道门，各有一位守门人看守。女人要想从果园摘出苹果，就必须在出门时分别给守门人一些苹果。出门时，女人将自己摘出苹果的一半给了第一道门的守门人；到第二道门的时候，女人给了这个守门人余下苹果的一半；到第三道门的时候，女人也给了第三个守门人余下苹果的一半；到第四道门，女人也给了第四个守门人余下苹果的一半。这时，女人只剩下10个苹果。问这个女人到底摘了多少个苹果？

6. 最全面的"警备力量"

入夜后，巡警有必要对市区所有建筑物（左图中方块部分）的每一侧加以监控，每一方块均为大小相等的正方形组成有规则的排行。

一名巡警所能监视的最远距离为一方块的边长，例如，在A点的巡警只能监视到4个区块的各两侧。位于侧边上B点的巡警只能监视到两方块中各块之两侧，而位于C点的巡警只能看到一方块中的两侧。

试问，完全监视上面的4×3的区域最少需要多少位巡警？

7. 超大的"胃口"

普斯特养了两条狼狗，一公一母，其中的母狗喜欢吃肥肉，公狗喜欢吃瘦肉。这两条狗可以在60天吃光一桶肥猪肉。如果让公狗单独吃，那么它要用30个星期才能吃完。两条狗可用8个星期吃掉一

桶瘦猪肉，但若母狗独吃，少于40个星期是吃不完的。假定公狗在有瘦肉供应时只吃瘦肉，而母狗在有肥肉供应时只吃肥肉。试问：这两条狗一起吃半桶瘦肉和半桶肥肉，需要花费多少时间？

8. 绅士们的枪口对决

英国的三个绅士因为某事产生了矛盾，他们决定用手枪决斗来解决问题。A的命中率是30%，B的命中率是50%，而C则可以称为专业枪手，他的命中率是100%。为公平起见，他们决定按这样的顺序：A先开枪，B第二个开枪，C最后开枪。然后依次循环，直到他们只剩下1个人。那么，三名绅士中谁活下来的机会最大呢？为了能够活下来，他们都应该采取什么样的策略呢？

9. 教堂里的清洁工

教堂的西面有一个房主造了一些庭院。其中有一处是准备3家共用的，院内的卫生由住进去的3家女主人共同负责。于是，A夫人清理了5天，B夫人清理了4天，就全部清理干净了。因C夫人正在怀孕，就只好出了9块钱顶了她的劳动。请问，如果这笔钱按劳动量由A、B两个夫人来分，那么，怎样分才合理呢？

10. "马失前蹄"的怪盗

森林环绕的M城郊区，有一幢19世纪末建造的别墅，这幢别墅是当地唯一的一幢别墅。这幢别墅的主人是一对贵族夫妇。一天夜里，有个蒙面人潜入室内，把贵族夫妇用绳子捆绑起来关进厕所，盗走了大量珠宝。

案发后，金先生负责调查这个案件，他了解到案发的前一天，怪盗老七在当地出现，因此猜想案件和老七脱不了干系，于是马上找到老七查问。

"老七，你上周六晚上去过M郊区的别墅吧？有人看见你了。"金先生说道。

"是的，是去过。出了什么事儿吗？"老七好像不知道发生了什么事情。

"那天夜里，有一个蒙面人溜进了别墅，抢走了贵族夫妇的珠宝后逃跑了。那个人就是你吧？"

"胡说什么！这件事的始末到底是怎样的？"老七一本正经地反问道。

"犯罪嫌疑人盗走珠宝的时候，用绳子把贵族夫妇捆起来，把他们关进厕所里，但是没有杀死他们。事后，贵族说他记得当时是21：05，因为他那会儿偷偷看了一眼钟。"

"如果是21：05，我有当时不在作案现场的证明，你可别怀疑我。那天夜里我是在和平路车站乘21：16的夜班车赶回市里的。从贵族的别墅到和平路车站无论如何10分钟是不够的。"

"哦！看来你对贵族的别墅很熟悉呀。"金先生说。

"去年赛马时应邀去住过一夜。"老七回答。

贵族的别墅离和平路车站有相当远的一段路，步行也得30分钟。因此，老七从和平路车站乘坐21：16发的夜班车如果属实，他不在作案现场的证明是成立的。

金先生已经去过和平路车站，让车站工作人员看过老七的照片，证明他没有说谎。那天从和平路车站上车的乘客只有老七一人，并且他也没有化装，车站工作人员及列车员都清楚地记得他。

"可是，老七，10分钟之内是有办法从别墅到和平路车站的。"金先生侦探说。

"比如，我是搭上一辆马车逃跑的？"老七说。

"不，你绝对不会乘别人的马车。贵族的别墅里倒是有个马棚，里面有一匹马，马棚外面还有一辆自行车。"

"你是不是说我使用了这两种工具的一种？要知道，我不是那天的强盗，因为如果我用这些工具的话，我就会把它扔到车站附近的什么地方，可是你并没有找到它们！"老七似乎很有理。

"不，贵族夫妇一个小时后挣脱了绳索，出厕所去查看四周情况时，看到马仍在马棚里，自行车也放在原处未动。可是，马棚的门从里面是推不开的，只有从外面推才能推开。所以，老七，我已经清楚你搞的什么把戏，还是把偷去的珠宝老老实实地给我还回去，否则我要报警了。"金先生威严地说。

请问，怪盗老七用什么工具只花了10分钟就到了和平路车站呢？

11. 沙丁鱼与其天敌

沙丁鱼的天敌是鲶鱼。西班牙人爱吃沙丁鱼，但沙丁鱼非常娇贵，极不适应离开大海后的环境。当渔民们把刚捕捞上来的沙丁鱼放入鱼槽运回码头后，过不了多久沙丁鱼就会死去。而死掉的沙丁鱼味道不好，销量也差，如果抵港时沙丁鱼还活着，活鱼的卖价就要比死鱼高出若干倍。为延长沙丁鱼的活命期，渔民想方设法让鱼活着到达港口。后来渔民想出一个法子，保证了沙丁鱼能在抵港时仍然活着。你知道渔民想的是什么办法吗？

12. 射不中鱼

一个神枪手去钓鱼，钓了很久也没有钓上一条鱼。他看见鱼在清澈的湖水中，于是干脆就拔出枪向鱼射击，可是一连射了好几枪都没有射中。你知道到底是什么原因导致神枪手射不中鱼吗？

13. 选房间

有一家旅馆，如图所示，是两个房间连在一起，暖气房和冷气房加起来总共有6间，而且每个房间都有各自的出入口。如果先走到暖气房的话，隔壁的另一个房间是暖气房的可能性大，还是冷气房的可能性大？

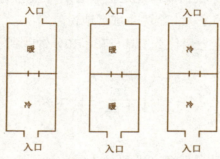

14. 手表争夺战

警官墨菲在街上巡逻时忽然听到争吵声。于是他上前查看，看见有两个男子正在争夺一块手表。这两个男子中有一个身体强壮，穿着十分得体，好像是个白领；另一个则身体削瘦，还穿着一条短裤，看模样像是一个蓝领工人。

看到墨菲，两人连忙停手，转而向墨菲诉说起事情的经过。身体消瘦的男子说："我下班回家时，这个人突然走过来，想强抢我的手表。"身体强壮的男子则对墨菲说："你不要相信他的鬼话。

这只手表很名贵，这个人怎么有资格戴呢？"

墨菲仔细看了看这两个男子，然后拿起手表看了看。接着，他将手表交给身体消瘦的男子，掏出手铐，铐住了身体强壮的男子。

墨菲为什么能断定身体强壮的男子是劫匪？

15. 剪刀、石头、布的延伸

数学上传递性的概念是：如果A＞B，同时B＞C，那么A＞C。但有一些游戏打破了这种逻辑。一个很普通的非传递性游戏"剪刀、石头、布"，体现了一种循环的规律：剪刀剪布，布包石头，石头砸剪刀。

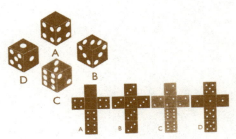

图中画的这组特殊的色子也体现一种非传递性的逻辑。如果用它们玩一个两人打赌的游戏。只要让你的对手先选，无论他选哪个，你都能找到一个色子使你赢，你知道该怎么办吗？

16. 蚂蚁们的行动

一个正三角形的每个角上各有一只蚂蚁。每只蚂蚁开始朝另一只蚂蚁做直线运动，目标角随机选择。蚂蚁互不相撞的概率是多少？

17. 轮船的烟是直的

　　大宇是一名水手，他说，他曾经看见过一艘正以时速10公里的速度前进的轮船，冒出直直的烟来。请问，大宇说的这种现象真的存在吗？

第八章

逻辑思维名题

1. 恒河围困不了这个人

加尔各答的近郊有一条世界著名的河流——恒河。河的中心有一个流沙堆积起来的小岛，有一座古老的桥把小岛与河岸连接起来，可是这座桥已经破烂不堪，很少有人走过。

有一个人在散步时，由桥上走到小岛上去了。不料在返回时，刚走了两三步，桥就发出嘎吱嘎吱的响声，好像就要断了似的，他只好又返回沙岛。这个人不会游泳，只好一个人待在小岛上，搜肠刮肚地想办法，竟在岛上困了10天，到了第11天，他才从桥上回到岸边。你说这是怎么回事？

2. 地图涂色

德国数学家吉尔哈德·林格于1950年提出了这个问题。假设地球上的11个大国都在火星上划了领地，每个国家一块，因为政治上的需要，每个国家都要求在火星地图上涂上和自己国家地图一样的颜色。

每个国家在地球上的位置和火星上的位置都用相同的数字标出，那么你要用几种颜色才能把这些国家区分开来，并且符合他们对应领地颜色相同的要求呢？

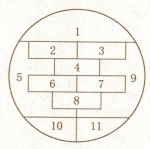
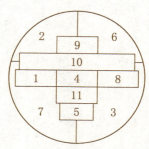

3. 刘易斯·卡罗尔带来的启发

一位喜欢刘易斯·卡罗尔的《爱丽丝漫游奇境记》的作家写了这样一个逻辑推理故事：

两位孪生兄弟——特威德勒兄弟站在一棵树下咧着嘴笑着。爱丽丝对他俩说："要不是你们的绣花衣领不同，恐怕我分不清哪个是哥哥，哪个是弟弟呢。"

一个兄弟答道："你应当运用逻辑推理的方法。"说罢，他从口袋里掏出一张扑克牌，向爱丽丝扬了扬——一张方块皇后。"你看，这是一张红牌。红牌表明持牌的人讲的是真话，而黑牌表明持牌的人讲的是假话。现在，我兄弟的口袋里也有一张牌：不是红牌，就是黑牌。他马上要说话了。如果他的牌是红的，他将要说真话；要是他的牌是黑的，他就要说假话。你的任务就是判断一下，他是特威德勒弟弟，还是特威德勒哥哥？"

正在这时，另一位兄弟开腔了："我是特威德勒哥哥，我有1张黑牌。"

请问：他是哥哥还是弟弟？

4. 过河谜题

罗马帝国的查理曼大帝手下有一名御用谜题专家，这便是著名的英国学者、教士阿尔昆，他的足智多谋在当时尽人皆知。一次，在查理曼大帝的要求下，足智多谋的阿尔昆出了一道有关生活的趣味题，这便是我们所知的经典谜题——过河谜题。一位旅行者带着一匹狼、1只羊和1棵大白菜。当他来到一条河边时，发现只有一条渡船，而且这条船一次只能装两样东西。很清楚，一旦把任意两样东

西单独留下，没有他的看管的话，那么羊会吃白菜，狼会吃羊，但狼不会吃白菜。如果要安全地过河，请问这位旅行者最少要往返河两岸多少次呢？

　　查理曼大帝绞尽脑汁想了好几天都没有想出来，你能开动脑筋帮助他吗？

5. 艾伯特与煮鸡蛋

　　艾伯特是一个很有名的男管家，从未引起争论的他这次又成功了。他连续两年因设计烹饪决赛的思维游戏而获得尊重。他的问题是："如果你只有2个沙漏——一个11分钟的、一个7分钟的，那么你如何把鸡蛋煮15分钟呢？"他因此得到长时间的热烈掌声并获得了一瓶香槟酒。欢迎你加入这个宴会，并把这个题解答出来。

6. 不走常"路"的墓志铭

　　丢番图是古代希腊的一位数学家，生活于公元250年前后，他的《算术》对后世影响很大。直到现在，人们还把具有整系数并且只求整数解的不定方程（未知数个数多于方程个数）叫作丢番图方程。

　　丢番图的墓志铭与众不同，不是记叙文，而是一道数学题。他的墓志铭是这样写的：过路人！这里埋着丢番图的骨灰。他的寿命有多长，下面这些数目可以告诉你。他生命的1/6是幸福的童年。再活了寿命的1/12，细细的胡须长上了他的脸。丢番图结了婚，还没有孩子，这样又过去一生的1/7。再过5年，儿子降临人世，他幸福无比。可是这孩子生命短暂，只有父亲的一半。儿子死后，这老头

在悲痛中度过4年，终于了却尘缘。

请问，你能根据这篇墓志铭推算出数学家丢番图活了多大年纪吗？

7. 加级"过河难题"

有这样奇怪的一家人，成员包括爸爸、妈妈、弟弟和妹妹，他们的关系是这样的：爸爸总是喜欢训斥妹妹，除非有妈妈的保护，否则爸爸就要教训妹妹。妈妈不能跟弟弟在一起，除非有爸爸的保护，否则妈妈就要教训弟弟。有一次，他们外出旅游，正当他们要过一条河时，遇到了一个特警和他抓获的一个杀人魔王。河边只有一条小船，这条小船每次最多只能载两人。现在的情况是，除了这一家人奇特的关系，又加上了杀人魔王不能跟那家人在一起，除非有特警的保护，否则其他人将有生命危险。这么复杂的人际关系，你能安排好所有人安全地通过小船过河到对岸吗？

8. 友谊牵线之女学生散步

1850年，柯克曼提出了一个有趣的"女学生问题"，即在某所住宿学校中有9个女学生同住在一间宿舍里，每天她们都要去校外散步一次。为了增进她们的友谊，宿舍管理者想，如果将她们分成3组去散步，每组有3位同学的话，是否可以使得每个女学生在4天之内，都能与其他8个女学生有且仅有一次在一个组内的机会？这个乍看起来似乎很简单的问题，却让人绞尽脑汁。1851年，柯克曼终于找到了一种符合题中要求的分组方案，并且发表在名为《女士与先生的日记》的文章中。后来，人们便把这种分组方案称为柯克曼三元系。如果把9个女学生的名字用1到9这九个数字编成号，你能试着找出这个分组方案吗？

第一天：＿＿＿＿＿，＿＿＿＿＿，＿＿＿＿＿；

第二天：＿＿＿＿＿，＿＿＿＿＿，＿＿＿＿＿；

第三天：＿＿＿＿＿，＿＿＿＿＿，＿＿＿＿＿；

第四天：＿＿＿＿＿，＿＿＿＿＿，＿＿＿＿＿。

9. 帕斯卡三角形

帕斯卡从小就智力高人一等，他发现的帕斯卡三角形为人们解幂的方程提供了思路，下面就是一个帕斯卡三角形，你能根据给出的数字规律，填写最下面一行的数字吗？

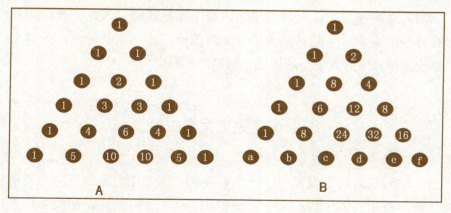

10. 彼得罗夫的难题

这是由彼得罗夫出的一道著名的难题，因托尔斯泰推广而广为人知。题目是这样的：一批人要把两块草地的草割掉：两块草地中，大的一块草地比小的一块草地大一倍。上午，这批人在大块草地上工作，午后分成两组，一半人继续在大块草地上割草，到傍晚

收工时恰好割完；另一半人到小块草地上割草，到傍晚收工时剩一小块。这一小块改日由一个人去割，恰好需要一天的工夫。请问，这批割草的人共有多少？

11. 复杂的转换

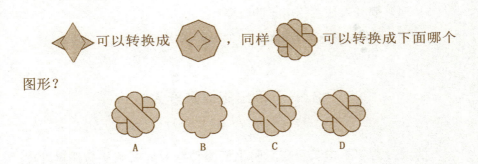可以转换成下面哪个图形？

A　　B　　C　　D

12. 爱因斯坦的逻辑绝杀题

这是爱因斯坦著名的一道题，据说能在5分钟内做出它的人少之又少。题目如下：在一条街上，并排有5座房子，每座房子都喷了不同的颜色，而且每座房子里住着不同国籍的人，他们喝不同的饮料、抽不同品牌的香烟、养不同的宠物。根据下面的条件，你能判断出谁养鱼吗？

（1）英国人住红色房子。

（2）瑞典人养狗。

（3）丹麦人喝茶。

（4）绿色房子在白色房子左边。

（5）绿色房子主人喝咖啡。

（6）抽Pall Mall香烟的人养鸟。

（7）黄色房子主人抽Dunhill香烟。

（8）住在中间房子的人喝牛奶。

（9）挪威人住第一间房。

（10）抽Blends香烟的人住在养猫的人隔壁。

（11）养马的人住抽Dunhill香烟的人隔壁。

（12）抽Blue Master香烟的人喝啤酒。

（13）德国人抽Prince香烟。

（14）挪威人住蓝色房子的隔壁。

（15）抽Blends香烟的人有一个喝矿泉水的邻居。

13. 一下揪出犯罪嫌疑人

清晨，海尔丁探长正在看骑手们跑马练习，突然从马棚里冲出一个金发女郎，大叫着："快来人啊！杀人啦！"海尔丁急忙奔了过去。

只见马棚里一个驯马师打扮的人俯卧在干草堆上，后腰上有一大片血迹，一根锐利的冰锥扎在他腰上。

"死了大约有8小时了，"海尔丁自语道，"也就是说谋杀发生在半夜。"

他转过身，看了一眼正捂着脸的那位金发女郎，说："哦，对不起，你袖子上沾的是血迹吗？"

那位金发女郎把她那骑装的袖口转过来，只见上面是一长道血印。

"哦，"她脸色煞白，"一定是刚才在他身上蹭到的。我叫盖尔·德伏尔，他，他是彼特·墨菲，他为我驯马。"

海尔丁问道："你知道有谁可能杀他吗？"

"不，"她答道，"除了……也许是福特，彼特欠了他一大笔钱……"

第二天，警官告诉海尔丁说："彼特欠福特很多钱。可是福特发誓说，他已有两天没见过彼特了。另外，盖尔小姐袖口上的血迹经化验是死者的。

"我想你一定下手了吧？"海尔丁问。

"犯罪嫌疑人已经在押。"警官答道。

谁是犯罪嫌疑人呢？

14. 三圆聚会

在《泰晤士报》上，曾有过这么一道数字题，请仔细观察，根据下面3个圆圈中的数字规律，问号应该代表什么数？

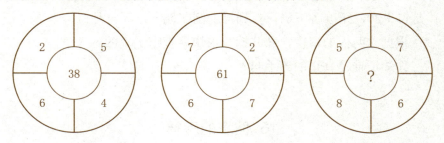

15. 海洋生物科学院里的枪杀案

日本有一个世界著名的机构，叫作海洋生物科学院，它坐落在一个美丽的小岛上，是专门为了观察和研究海洋生物而建造的。

海洋生物科学院的实验室有3个研究员，他们专门负责喂养这些海洋生物。每天早上，他们都要穿上厚厚的潜水衣，戴上氧气面罩，慢慢地潜到海底，进入实验室。如果要回到海面上来，仍然要穿戴好潜水设备，缓缓地上升。在上升的途中还要停留4次，每次10分钟，这是因为在这样深的海底，海水的压力太强了，人如果很快

地升上来，内脏就会受不了，导致人立刻死亡。

有一天，该实验室里一个叫村上的研究员被人枪杀了，警方得到消息后，立即派藤井探长前往调查。

藤井探长跟着潜水员潜到实验室，展开调查。他了解到，村上死亡的时间，是在17：00左右，当时实验室里还有两个研究员，一个叫中田，一个叫江户。藤井探长分别询问了这两个人。以下是询问的结果：

中田说："今天是我女朋友的生日，她约我18：00到她家参加她的生日Party。村上请了假，提早下班了。我在16：30离开研究室，村上是17：00被杀害的，我当时已经到了地面，所以，杀手不可能是我。"

江户说："我17：00的时候正在给海豚喂食，回到实验室的时候是17：30，正准备下班，看到村上倒在地上，浑身是血。"

根据这两人的口供，藤井探长很快就查出了真凶。

你知道谁是真正的凶手吗？

16. 健忘的森林

很久很久以前，有一片"健忘的森林"，人们走进去，就会忘记日期。小姑娘阿丽丝误入大森林，她也忘记了当天的日期。她徘徊了很久，很想知道这一天是星期几，但无论如何也回忆不起来。这时，迎面来了只老山羊，阿丽丝就迎上前去打听。

"山羊公公，你知道今天是星期几？"阿丽丝问。

"可怜的小姑娘，我也忘记了。不过，你还可以去问问狮子和独角兽。狮子在星期一、星期二、星期三这三天是说谎的，独角兽在星期四、星期五、星期六这三天也是说谎的，其余的日子，他们俩倒都说真话。"永远说实话的老山羊回答道。

于是，阿丽丝就去找狮子与独角兽。当她问到今天是星期几时，狮子回答说："昨天是我说谎话的日子。"独角兽说："昨天是我说谎话的日子。"

阿丽丝在这座"健忘的森林"里，尽管忘记了日期，但是她仍和过去一样聪明。听罢狮子与独角兽的回答，她进行了仔细的逻辑推理，终于正确地判断出这一天是星期几了。

17.全天候自行车比赛

所有自行车都参加了全天候自行车赛，但发生了一些奇怪的事情，这些自行车的运行开始时间和终止时间之间存在神奇的数学联系。如果你能发现其中的规律，那么你就能推算出自行车D终止运行的时间。

A 开始于3：15
终止于2：06

C 开始于5：24
终止于2：11

B 开始于3：20
终止于1：09

D 开始于7：35
终止于？

E 开始于6：28
终止于4：22

18.他多大了

一个人生于公元前10年，死于公元10年，死的那一天正好是他生日的前一天。请问，此人死时是几岁？

19. 平面镶嵌

　　平面镶嵌是用同样形状的平板砖，无缝隙而又不重叠地铺满整个平面。平面镶嵌总是与铺地板砖紧密相连，具有十分实用的价值。在实际铺设中，我们最为常见的，便是以正方形平板砖出现的正四边形地板（见图1）和以正六边形平板砖出现的正六边形地板（见图2）。另外，便是以几种不同形状的平板砖组合出现的美丽地板（见图3）。在设计地板的过程中，我们大体可以知道，能够形成平面镶嵌的最主要条件，便是要预先确定单位形状平板砖是否能够形成镶嵌，请问，通过一个什么条件我们可以确定其能构成平面镶嵌？请试着用正三角形和正四边形设计一个平面镶嵌。用正方形和正八边形呢？用正方形、正六边形和正十二边形呢？

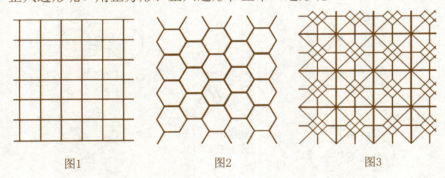

图1　　　　　　　图2　　　　　　　图3

20. 不能再低的卖价

　　小明说："啊，达芙妮，今天我终于把那辆破车卖掉了。原来我标价1100元，可没有人感兴趣，于是我把价钱降到880元，还是没有人感兴趣，我又把价钱下调到704元。最后，出于绝望，我再一次

降价。今天一早，奥维尔·威尼萨普把它买走了。"那么，你能猜出奥维尔花了多少钱买下车的吗？

21. "悬天"挂数的艺术装饰

根据下面各个数字的规律，问号处应该填哪个数字？

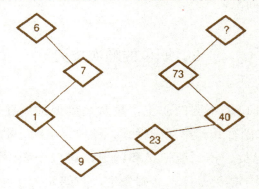

22. 镜子国人与普通人的交往

现有两个国家，一个是寻常的国家，另一个是镜子国。对于寻常国家中的每一个城市，镜子国中都有一个城市与之对应，反过来也一样。现知，若寻常国中的某两个城市之间有铁路连接，则在镜子国中相应的两城之间没有铁路连接；而对寻常国中的任意两个无铁路连接的城市，在镜子国中相应的两城市之间却一定有铁路连接。设在寻常国中，女孩阿莉莎如果少于两次中转，就不能由A城到达B城。请证明：阿莉莎在镜子国中，可以由任何一城市到达另一城市，且都不需要超过两次中转。

23. 宇航员的"突发奇想"

一位宇航员在宇宙飞船上看到地球时突发奇想：有没有一种超级大的半球形的碗，它遮盖了地球的1/5表面，并且恰好罩住了20个国家（联合国成员国，当时共有101个）的首都？

24. 职位的顺次排列

某银行有11个不同的职位，按从高到低的顺序为行长、第一副行长、第二副行长、第三副行长、经理、出纳、助理出纳、会计员、第一速记员、第二速记员和门卫，这11个职位由下列人员担任，按字母顺序排列是：阿达姆先生、布朗太太、剑普先生、德欧女士、伊万先生、福特太太、葛兰先生、希尔小姐、约翰先生、凯恩太太、郎昂先生。至于他们的情况仅知道下面的一些事实。

（1）第三副行长是行长宠爱的孙子，但并不为布朗太太和助理出纳所喜欢。

（2）助理出纳和第二速记员均为他们父亲的财产。

（3）第二副行长和助理出纳戴同一式样的帽子。

（4）葛兰先生告诉希尔小姐要马上给他派一个速记员来。

（5）行长的近邻是凯恩太太、葛兰先生和郎昂先生。

（6）第一副行长和经理住在不大吸收新会员的独自俱乐部。

（7）门卫从小就一直住在那一间阁楼里。

（8）阿达姆先生和第二速记员是年轻未婚者中的社交活动家。

（9）第二副行长曾经和会计订婚。

（10）时髦的出纳是第一速记员的女婿。

（11）约翰先生定期把自己不穿了的衣服给伊万先生穿，却不让年龄较大的会计知道这件事。

请问，如何把这11个人的名字正确地对应上他们所担任的职务？

25. 100美元哪里去了

3个朋友住进了一家宾馆。结账时，账单总计3000美元。3个朋友每人分摊1000美元，并把这3000美元如数交给了服务员，委托他到总台交账。但在交账时，正逢宾馆实施价格优惠，总台退还给服务员500美元，实收2500美元，服务员从这500美元退款中扣下了200美元，只退还客人300美元。3个客人平分了这300美元，每人取回了100美元。这样，3个客人每人实际支付900美元，共支付2700美元，加上服务员扣的200美元，共计2900美元，那么100美元的差额到哪里去了？

26. 犯罪嫌疑人的体重

甲、乙、丙、丁 4人特别注意各自的体重。一天，他们根据最近称量的结果说了下面这些话。

甲：乙比丁轻。

乙：甲比丙重。

丙：我比丁重。

丁：丙比乙重。

他们说的这些话中，只有1个人说的是真实的，而这个人正是4个人中体重最轻的一个（注意：4个人的体重各不相同）。请将甲、乙、丙、丁按各人的体重由轻到重排列。

27. 满街的"高跟鞋"

有一段时间，满街的女人都穿着一种高跟皮鞋，但这种鞋不美是男人们的共识，不久这种皮鞋越来越少见。如今，在男士的衣柜里，双排扣西装可能已落满了灰尘。这种西装气派、庄重，但有拒女人千里之外的感觉。根据上文陈述，下面哪一项正确。

A. 女人都爱赶潮流。

B. 市场上已经没有高跟皮鞋和双排扣西装销售。

C. 穿高跟皮鞋没有女人味，穿双排扣西装男人味又太浓。

D. 男人和女人流行哪种服饰，很大程度上取决于异性是否认同。

28. "假总统"的真身份

有4个美国人的名字与总统的名字相同，他们分别叫布什、林肯、华盛顿和里根，姓名无法表明他们的身份。他们分别是银行家、小职员、农场主和学生。为了说明各自的身份，下面给出了4句话：

（1）布什先生是一个学生。

（2）华盛顿先生是一个银行家。

（3）林肯先生不是一个学生。

（4）里根先生不是一个小职员。

上面给出的4句话中有3句话是谎言。那么，到底谁才是农场主？

29. "光秃秃"字母传递绝密密码

下面一组字母是一组常用英语单词的第二个字母,你能推算出下一个字母是什么吗?

N,W,H,O,I,I。

30. 汽车"选美"比赛展示厅

在汽车展示厅里,白色汽车位于展示厅的一端,而紫色汽车位于另一端。红色汽车紧挨着黑色汽车,并且位于蓝色汽车旁边的第三个车位上。黄色汽车紧挨着蓝色汽车,并且离紫色汽车近,离白色汽车远。银色汽车紧挨着红色汽车。绿色汽车位于蓝色汽车旁边的第五个车位上。黑色汽车紧挨着绿色汽车。

(1)离紫色汽车更近一点的是银色汽车还是红色汽车?

(2)哪辆汽车在白色汽车旁边的第三个车位上?

(3)紧挨着紫色汽车的是哪一辆?

(4)位于银色汽车和蓝色汽车之间的是哪辆车?

31. 做对"好邻居"

刚刚落成的公寓大楼共有三层,每层仅一套公寓。最先搬进来的沃伦夫妇住进了顶层的一套房子。莫顿夫妇和刘易斯夫妇则根据抽签的结果,分别住进了下面两层。莫顿夫妇感到非常满意,他们

没有什么怨言。事实上，整幢楼里唯一有意见的是珀西，他希望住在他楼上的那对夫妇不要过早地洗澡，因为这影响他睡眠。此外，这3家房客之间的关系一直很融洽。罗杰每天早上下楼路过吉姆的门前时，总要进去一会儿，然后两个人一起去上班。到了11点时，凯瑟琳总要上楼去和刘易斯夫人一起喝茶。丢三拉四的诺玛觉得住这种公寓非常方便，因为每当她忘了从商店买回什么东西时，她总可以下楼向多丽丝家去借。

这3对夫妇分别叫什么名字？姓什么？住哪一层？

32. 优秀的推销员

阿登、布莱尔、克莱德、杜安这四位推销员都住在米德尔镇。

（1）4人的住宅都位于两条或多条街道的交叉路口。下面是该镇局部地图。

（2）一天，在同一时间，阿登去拜访他的朋友布莱尔，布莱尔去拜访他的朋友克莱德，克莱德去拜访他的朋友杜安，杜安去拜访他的朋友阿登。

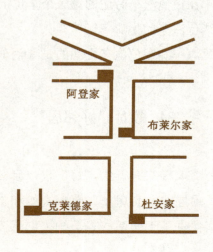

（3）那天，每位推销员从自己住宅出发，向朋友的住宅走去，一路上在米德尔镇的每条街道的每所住宅都做了短暂的停留（每条街道沿街都是住宅）。但是，四人中能够做到每一条街道只走过一次的只有一人。

这4位推销员中，谁沿着米德尔镇的全部街道不重复地走了一遍？

33. 越野跑的人

一天早晨，蒂莫西、厄本和文森特都要在早餐前进行跑步运动。1个月后，他们发觉，蒂莫西在厄本之前结束跑步的次数多于在他之后结束跑步的次数，而厄本在文森特之前结束跑步的次数多于在他之后结束跑步的次数。

请问，是不是有可能文森特在蒂莫西之前结束跑步的次数多于在他之后结束跑步的次数？

34. 恐怖隧道不恐怖

赶集的时候突然下起雨来，恐怖隧道至少还可以当作躲雨的地方。于是，我们每个人都在那种单座小车上找了个位子。这种小车一节接一节，"咔嗒、咔嗒"地在隧道内循环行驶，时而穿过"砰砰"作响的门，时而经过一些奇形怪状的东西：一会儿重见天日，一会儿又陷入黑暗之中。

安迪是第一个上车的人。等到巴巴拉买好了票赶来，已经过去了七节车，所以她便坐上了安迪后面的第八节车。后来，又过去了几节车，科拉坐上了巴巴拉后面的第九节车；多拉坐上了科拉后面

的第六节车；爱德华坐上了多拉后面的第四节车。最后，我坐上了爱德华后面的第八节车。

虽然我们并不欣赏恐怖隧道的景色，可我们毕竟没有被雨淋着。第一个下车的人是"红头发"，他正好坐在我和安迪中间的那节小车上。那么，"红头发"是谁的外号？

35. 找个最聪明的学生

一个教授逻辑学的教授，他有3个学生，而且3个学生均非常聪明。一天，教授给他们出了一个题，他在每个人脑门上贴了一张纸条并告诉他们，每个人的纸条上都写了一个正整数，且某两个数的和等于第三个（每个人可以看见另两个数，但看不见自己的脑门上贴的数）。

教授问第一个学生：你能猜出自己的数吗？回答：不能。

问第二个学生，回答：不能。

第三个学生，回答：不能。

再问第一个学生，回答：不能。

第二个学生，回答：不能。

第三个学生，我猜出来了，是144。

教授很满意地笑了。

请问，你能猜出另外两个人的数吗？并说出理由。

36. 美丽的图案方阵

根据下面这些图案的规律，问号处应填入A~C项中哪个图案呢？

37. 我们都是快乐的渔夫

有4名渔夫，名叫阿尔、伯特、克劳德和迪克，他们拥有的渔船名字叫"玛丽·琼""苏茜-Q""大家伙"和"海鸥"（不一定是按这个顺序与人名对应）。

遗憾的是，这些渔夫并不像他们自以为的那样相互了解。一名渔夫所说的话，只有当完全地或部分地是关于他自己的船的时候，才是符合实际情况的。否则，就是不符合实际情况的。

阿尔说："只有我的船、'苏茜-Q'和'海鸥'装有无线电。"

伯特说："克劳德运气好，三条装有无线电的船，其中一条是他的。"

克劳德说："'海鸥'是阿尔的船。"

迪克说："我从未上过'海鸥'或'玛丽·琼'。"

请问，他们各人拥有的船分别是哪一条？

38. 简易风车出炉了

根据下面这些图形的规律，接下来应该是A～E中哪个图形？

39. 载誉归来的运动员们

一架飞机载着5位运动员从奥林匹克运动会归来，这5位运动员在一个项目中排名第一到第五。他们说了下面这些话：

A："我不是最后一名。"

B："C是第三名。"

C："A的排名在E后面。"

D："E是第二名。"

E："D不是第一名。"

出于谦虚或其他什么原因，金牌和银牌的得主都说了谎。那三个成绩相对较差的运动员倒说了真话。

请问，他们的排名到底怎样？

40. 陌生国度里的一次奇妙旅行

胡图先生到了一个陌生的国度，了解到这个国家有一个独特的风俗，就是没有结过婚的人从来不说谎话，而结过婚的人绝对不说真话。

一天，胡图先生慕名去看这个国家一个著名的六人舞蹈团表演，这个舞蹈团由两对夫妻和两名单身者组成。演出结束后，胡图先生觉得意犹未尽，就到后台去一睹演员的风采。可胡图先生初来乍到，不太听得懂当地的语言。他先问尼古拉斯先生："请问，罗伯特先生和埃米丽女士是不是一对夫妻？"尼古拉斯先生回答："Yesaihe。"胡图先生又问杰希卡女士："你是否嫁给了尼古拉斯先生？"杰希卡的回答是："Yesaihe。"胡图先生不知道他们说的是什么意思，只好再问爱德华："你和莎拉是夫妻吗？"爱德华说："Nabula。"

胡图先生更糊涂了。你知道"Yesaihe"和"Nabula"到底哪个代表"是"，哪个代表"否"吗？六位青年男女的婚姻状况究竟是什么样的？

41. 杰出女性的特点

安妮特、伯尼斯和克劳迪娅是3位杰出的女性，她们各有一些令人注目的特点。

（1）恰有两位非常聪明，恰有两位十分漂亮，恰有两位多才多艺，恰有两位腰缠万贯。

（2）每位女性至多只有3个令人注目的特点。

（3）对于安妮特来说，下面的说法是正确的：

如果她非常聪明，那么她也腰缠万贯。

（4）对于伯尼斯和克劳迪娅来说，下面的说法是正确的：

如果她十分漂亮，那么她也多才多艺。

（5）对于安妮特和克劳迪娅来说，下面的说法是正确的：

如果她腰缠万贯，那么她也多才多艺。

请问，哪一位女性并非腰缠万贯？

42. 女性解放

大西洋的哈娃哈娃岛是一座实行女性解放的小岛。因此，女人也分君子、小人、凡夫。

话说1001年，刚继位的哈娃哈娃岛女皇突发奇想，批准了一条非常奇怪的法令：君子必须跟小人通婚，小人必须跟君子通婚，凡夫只准跟凡夫通婚。这么一来，不管是哪一对夫妻，要么双方都是凡夫，要么一方是君子，一方是小人。

某一年的"咖啡节"和"可可节"，哈娃哈娃岛上，发生了两个故事：

"咖啡节"的故事：舞会上，有一对夫妻：A先生和A夫人，他们站在小舞台上说了如下的两句话。

A先生：我的妻子不是凡夫。

A夫人：我的丈夫也不是凡夫。

你能断定A先生和A夫人是何种人吗？

"可可节"的故事：有A先生和A夫人，B先生和B夫人4个人，在"可可节"的舞会上，同坐在一张圆桌上喝酒。微醉时，4个人中有3个人说了如下的3句话：

A先生：B先生是君子。

A夫人：我的丈夫说得对，B先生是君子。

B夫人：你们说得对极了，我的丈夫的确是君子。

你能断定这4个人各是何种人吗？这3句话中，哪几句是真的？

43. 这家商店的名字"真怪异"

有一家商行叫"行行行"，顾客却常将店名读错。于是，店主便贴了一张告示在门口，曰："凡读对本商行名称的顾客，买一送二。"结果顾客蜂拥而来，生意越来越兴隆。

在《现代汉语词典》里，"行"有四种读音：

（1）读xíng，如行路、举行、行李、行善、行云流水等。

（2）读háng，如银行、行业、行当、行话、行情等。

（3）读hàng，如"果园里的树行子"等。

（4）读héng，就是"道行"，本意指僧道修行（xíng）的功夫，喻指人们已经练就的技能本领。

另外，还有一种读音为xìng，表明品质或举止行为，如德行、操行等。这个读音现在根据《普通话异读词三次审音总表初稿》规定读xíng而不读xìng，但在民间语言里也还常读作xìng，如"此人德行（xìng）真好"。

请你根据上述"行"的读音及其意义，思考一下"行行行"这个商行的名称怎么读？

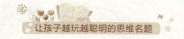

44. 杂技团的节目

卡尔·克拉克拥有一个小小的流动马戏团，他认为善于变化可以为表演增添色彩。因此，每场演出他都要将8个节目的顺序变换一下。"飞行的空中堡垒"是排在"吞火的佛瑞德"后面的第三个节目，但"吞火的佛瑞德"不是第一个节目。"聪明的小丑"是排在"耍把戏的吉姆"前面的第二个节目，但"耍把戏的吉姆"不是最后一个节目。"走钢丝的艾哲利斯"紧跟在"疯狂的卡沃勒斯"后面出场，但却早于"皮德罗先生的狮子狗"出场，"皮德罗先生的狮子狗"是排在"普勒夫人的鹦鹉"前面的第二个节目。

你能确定今晚节目的演出顺序吗？

45. 名大学入学登记表

高中4个彼此要好的朋友毕业后分别去了不同的大学，她们所学的专业也互不相同。你能把下面的入学登记表格填充完整吗？内容包括每个女孩的名字、姓氏、专业和学校。

1. 芭芭拉的姓不是摩尔，她的专业是物理学，但就读的学校不是普林斯顿大学。

2. 黛安娜的姓不是琼斯，她就读的学校不是哈佛大学，所学的专业也不是化学。

3. 在耶鲁大学读数学专业的不是摩尔。

4. 克莱尔·泰勒在麻省理工学院，但专业不是生物学，读生物学的学生不姓布朗，名字也不叫安娜。

名字	姓氏	专业	大学

46. 这一趟旅行

7名旅客乘坐某省城的地铁从西向东旅行，他们分别在7个连续的车站下车。根据下列提供的条件，你能说出1～7号地铁站的名字（中转车站用圆圈做了标记），并说出在此站下车的旅客的名字吗？

（1）奈杰尔在"国王的小树林"站下车，在此之前，利比已经下车了。"国王的小树林"站不是一个中转车站，泰萨下车的站是一个中转车站。

（2）霍华德在"皮勒公园"站的前面第二站下车。

（3）示意图中的3号车站是"枫树街"车站。

（4）在5号车站下车的是一位女乘客。

（5）艾琳在"红狮"站的前面一站下车。

（6）布拉德里在6号车站下车，此站位于"市场十字路"站的东面，且两站不相邻。

（7）一位男乘客在"博物馆"站下车，此站不是示意图中的7号车站。

车站：中央车站；国王的小树林；枫树街；市场十字路；博物馆；皮勒公园；红狮。

旅客：布拉德里（男）；康拉德（男）；艾琳（女）；霍华德（男）；利比（女）；奈杰尔（男）；泰萨（女）。

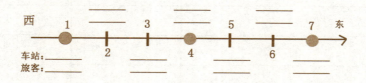

47. 外星人的手指

在一个房间里有一些外星人。每个外星人的每只手上不止有1根手指（都有两根手指或更多）。每个外星人总的手指数相同，但每个外星人两只手的手指数各不相同。如果你知道这个房间里外星人手指的总数，你就会知道这个房间里外星人的数量。这个房间里外星人手指的总数在200～300之间。

这个房间里有多少个外星人？

48. 唯一珍藏的纪念

又到了每年即将到来的邮件高峰期了，邮局决定额外招收一批邮递员。约翰费尽口舌终于说服新同事们一起合个影。他自己在位置G处，你的任务是说出其他人的位置。当你面对照片时，左右方向很明确，但如果不加以说明，前后方向就有些容易搞错。举例来说，说A位于K的后面是正确的。

（1）佛瑞德与克利奥不相邻，但佛瑞德不在照片的边上。

（2）格温位于照片的边上，并位于卡尔的后面。

（3）埃德娜位于露西的左边，芭布斯的右边。

（4）艾伦位于戴夫的后面，并与佛瑞德相邻。

（5）休位于厄玛的右边，紧挨在埃德娜的前面。

（6）戴夫位于卡尔的右面，厄玛的前面。

（7）克利奥与露西相邻，她俩位于约翰的后面。

第九章

逆向思维名题

1. 聪明的儿子

在很早的时候，古希腊的雅典城非常混乱。城里有一户人家，只有母子两人，相依为命。儿子觉得老待在家里也不是个事，应帮母亲担起家庭生活的重担，很想到社会上去工作。母亲觉得城里混乱，出去工作不如待在家里安全，所以阻止儿子说："你在社会上假如为人正直，要遭到世人的打击；不正直，要受到神灵的惩罚。你怎么做都要遭殃，你就死了这条心吧。"儿子听了母亲的话后，没有说什么，只是盘算着怎样说服母亲让他出去工作。不久，他找到了母亲所说的话的逻辑漏洞，终于说服了母亲，让他去社会上工作了。请问，他是怎样反驳母亲的？

2. 混双比赛的赛程

很多年以前，人们在闲暇时刻乡村俱乐部举行了一场盛大的泰迪·罗斯福混双网球锦标赛。一共有128对选手报名参加这项赛事。管理员撒迪厄斯·拉肯卡特熬了半宿才把赛程拟定出来。那么，你知道在冠军产生之前会进行多少场混双比赛吗？

3. 诱人的古玩

有一天，古董商加尔文·克莱克特伯尔买了一个铸铁的喷水龙头：上面是1只鳄鱼，嘴里咬着一条鱼。他为这件绝妙的艺术品支付了90%的账面价值。第二天，一个收藏家看见后，说愿意支付高出他25%的费用将其买下。加尔文毫不犹豫地答应了，这样，他就从

这笔交易中赚了105元。你能推算出这件诱人的古玩的账面价值是多少吗？

4. 遗失的数字找回来

仔细思考，请将竖式中遗失的数字找回来。

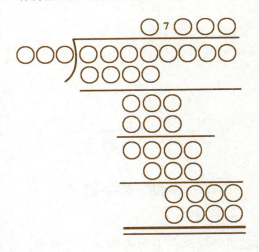

5. 火车提前到达

一列装有邮件的火车将要到达车站，邮局派出一辆汽车到车站去取邮件。这天，火车到得比规定的时间早，运来的邮件就派人骑摩托车送到邮局去了。摩托车手走了半小时路程，遇见邮局取邮件的汽车，汽车司机接过邮件，立即调头回了邮局。汽车司机回到邮局比往常早了20分钟。

那么，火车到达车站比规定时间早了几分钟？

6. 三角小"幻方"

找出3个数字入三角形顶点的圆圈中，使每一边的数字之和相等，并说明各数字之间的有何关系？

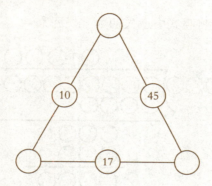

7. "圆"数字幻方

将1～19的数字分别填在下图的19个小圆圈中，使得任何一条直线上的三个圆圈中的数字之和都等于30。

8. 又一个数字幻方来"捣乱"

把数字0～5填写到每个小圆里（如图所示），使其连接的每个大圆上的数字之和均为10。

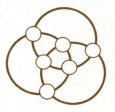

9. 直拐的圆圈世界

在下面的表格中画一条连续的且不相交的直线，使它满足下面的条件：该直线从一个格子的一端穿过，到达另一个格子的另一端，它必须穿过所有含有小圆圈的格子。直线平直穿过黄色小圆圈，但是在黄色小圆圈的前一个格子或后一个格子成90°拐角；直线穿过深色小圆圈时成90°拐弯，但是在深色小圆圈前后的路线都是平直的。请你画出这条直线。

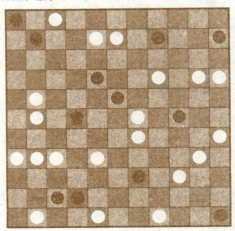

10. 采蘑菇的小仙女

　　一些小仙女采蘑菇，其中一位小仙女采到6只，其余每位小仙女都采到13只。第二次一些小仙女（人数与第一次不同）出去采蘑菇，其中一位小仙女采到5只，其余每位小仙女都采到10只。如果两次采到的蘑菇数相同，并且蘑菇数大于100，但不超过200，问两次各有几个小仙女去采蘑菇？

11. 千万别踩中地雷

　　下面方框中的一些格子埋有地雷。灰色三角旗上面的数字指的是周围的8个格子里的地雷总数。请问，地雷分别埋在哪些格子中？

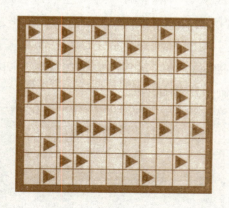

12. 布鲁斯博士的橄榄数

　　有一首歌叫《橄榄树》，很好听。我们这里介绍一类数，叫"橄榄数",很好玩。橄榄数是一种特殊的回文数。如1234 5678987654321。也就是说,它的各位数字从1开始从左往右(或从右往左)按序增大,到达一个最大数字(上例中是9,但也可能是其他数字)后又顺次减小,最后回到1。这种数中间大,两头小,故称之"橄榄数"。如果把1也算作橄榄数,那么橄榄数一共有9个。

布鲁斯博士对橄榄数颇有研究,他说,所有的橄榄数都是完全平方数(简称平方数),也就是说,它们都是正整数的平方。

你能证明他的说法吗?

13.蜂窝数字的奥秘

请将22~40共19个数,分别填进图1的19个空格内,使它成为图2、图3每横或每斜角之数相和均相等;图2横或斜三数之和皆为101;图3横或斜五数之和均为143。

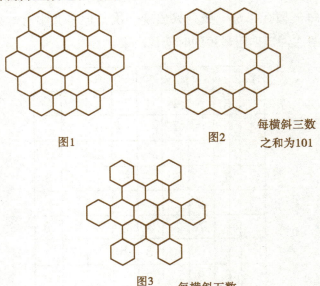

图1

图2　每横斜三数
之和为101

图3　每横斜五数
之和为143

14. 黑心酒坊的证据

一家黑心酒坊每天早晨都要把128升的酒桶盛满美酒，然后出发去4个不同的酒家，每个酒家需要的数量相同。送完第一家，他会用水将酒桶灌满，接着，他到第二家送，送完后，再用水把酒桶灌满。每送完一家就用水把酒桶灌满，直到四家酒家都被送到为止。4家供应完之后，桶中还剩下$40\frac{1}{2}$升纯酒。试问：每个酒家分到了多少纯酒？

15. "唯一解"数独的另类玩法

下面这个九宫图中，有1～9这9个数字，按九宫图的规则，每个数字在每一横行、每一竖列只出现一次，但是其中有一处的数字却出现了两次，请你用最短的时间找出来。

7				5		9	1	
	5		4	1				
4			7			5		
					3			1
	1		6		5		4	3
9		8						
		7			2			9
				3	8		7	
	6	9		7				8

16. 徐悲鸿的奔马图

某大学化学系著名的刘教授对古画很有研究，其中有一幅徐悲鸿的奔马图就挂在他的书房。一天，一个小偷进入他家，拿起奔马图转身想走的时候，突然看见酒柜里的一瓶伏特加，忍不住打开就灌了几口，然后溜了出去。

当刘教授回家后，发现名画被盗，于是就赶紧报案。当警察勘察完现场后，发现小偷是一个高手，现场没有留下任何线索。当发现酒柜里的伏特加酒被喝了时，警察给刘教授出了一个主意。后来，小偷就主动伏法，把名画归还给了刘教授。

你知道警察的主意是什么吗？

17. 迷信让人慨叹

从前，有位高官，他的妻子为他生了一个儿子。可算命的先生却说这孩子有克父之相，还说这个男孩长得跟门一样高的时候，就是他的父亲失去生命的日子。算命先生的一席话使得做官的父亲很担心。于是，他把孩子送到了外地的一座寺庙里寄养，再也不打算与其相见了。

几年以后，孩子终于长大，很想回到家里。可眼看着自己已经长得快和门一样高了，迷信的父亲又怎么会允许他再出现在家里呢？

一位长老想到了一个巧妙的方法，终于使一家人得以团聚。

那么，你能猜到长老想到的是一个怎样的方法吗？

18. 爱也有方程式

一位新来的数学男老师，同时受到本校两位女老师的青睐。男老师对两位女老师说："请你们用数学的方式来表达你们对我的爱。"于是，甲老师说："与她相比，我百倍地爱你。"另一位说："与她相比，我千倍地爱你。"听了这话之后，男老师不但没有感动，而且说了一句话："这就是说，其实你们谁都不爱我。"两位女老师听完后，如坠云雾，茫然不知所措。你知道数学男老师为什么会这么说吗？

19. 你也来玩拼图游戏

1套拼图有50片，走一步可以是将两大片拼好的片连起来，也可以是把一片拼到一大片里去。请问，拼完一个完整的拼图至少需要多少步？

20. 逻辑课堂

周一早上，逻辑学教授对全体学生宣布："我们将在周日前进行一次期中考试。"

有位胆大的学生向教授建议："为了让考试具有突然性，如果同学们在当天早上知道要进行考试，当天的考试就不能进行。"教授一听，觉得学生说得有道理，就接受了他的提议。

周三课上，逻辑学教授宣布考试的时候，那位胆大的学生说："教授，考试应该取消，因为按照您的承诺，这周里的任意一天都不能考试。"

你知道学生为什么这么说吗？如果你是教授，该如何应对这样的情况呢？

21. 海盗吃椰子

一艘海盗船被天上砸下来的一块石头给击中了，5个倒霉的海盗只好逃难到一个孤岛。他们发现岛上空荡荡的，只有一棵椰子树和一只猴子。

大家把椰子全部采摘下来放在一起。到了晚上，大家便去睡觉了。

半夜，某个海盗起床悄悄地将椰子分成5份，结果发现多出一个椰子，就顺手给了那只猴子。然后，悄悄地藏了1份，把剩下的椰子混在一起放回原处，回去睡觉了。

过了一会儿，另一个海盗也起床悄悄地将剩下的椰子分成5份，结果发现多了一个椰子，顺手又给了那只幸运的猴子。然后，悄悄地藏了1份，把剩下的椰子混在一起放回原处，回去睡觉了。

又过了一会儿……

又过了一会儿……

总之，5个家伙都起床过，都做了一样的事情。

早上大家都起床后，开始心怀鬼胎地分椰子，分成5份后又多出

一个椰子，顺手给了幸运的猴子。

请问，这堆椰子最少有多少个？

22. 一桩绑架案

一个深秋的夜里，某房地产大亨的儿子被绑架了，绑架犯索要200万美元的赎金。绑匪在电话里威胁说："听着，我要旧版的百元纸币200万美元，用普通的包装，在明天上午邮寄，地址是莫顿市爱沙街36号，凯特。如果你报警或者不照办，我就让你儿子不得好死！"接到电话后，大亨非常害怕。为了不让孩子受到伤害，他不敢报警，只好委托私家侦探沙菲进行调查。

沙菲化装成一个推销员进行秘密调查，结果发现犯罪嫌疑人所说的城名是真的，但是地址和人名却是虚构的。聪明的沙菲想了想，明白了绑架犯的真实目的。第二天，他就成功地抓获绑架犯，安全救出了被绑架者。请问，你知道沙菲明白了什么吗？

23. 一场枪战

一天，在巴勒莫市的中心大街上，发生了一次黑手党与歹徒之间的枪战。7个歹徒（阿里、布朗、查理、戴维、伊杰斯、福克斯和盖特森）相互残杀，最终只剩下了阿里一人幸存。

根据阿里的回忆，当时他们各自抢占了不同的位置。下图就是当时的位置示意图，A到G分别代表从阿里到盖特森7人。从图中可以看出，从任何一个人的位置上都可以向两个人瞄准。7个人谁也没有移动过位置，并射完了所有的子弹。阿里记得他自己开枪打中了戴维，而戴维是第一个倒下的人。

仔细观察这张图，谁开枪打死了谁？他们是按怎样的顺序倒下的？

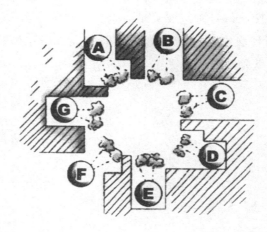

24. 页码也是一项大线索

有人发现了一个印刷厂旧址，里面留下了排印书上页码用的全部铅字，共计2775个。根据这些铅字数码，这个人马上算出了这本书的总页码。

请问，你知道他是怎样算的吗？

25. 一桩冤案

三上与妻子亚美的关系一直不好，因为妻子亚美凶悍泼辣，无事生非，对丈夫非打即骂。这样的生活，三上实在是过不下去了，但妻子又不同意与三上离婚，三上萌生了杀妻之心，便用毒药杀害了亚美，伪造了妻子的遗书，使外人看来是亚美一时想不开，寻了短见。

　　警方对此案件进行了周密的调查，但没有从中发现任何破绽，核对了亚美的遗书、日记及账本以后，发现笔迹完全相同，实在找不出他杀的证据，只好判定亚美是自杀。

　　三上是用什么办法伪造了妻子的遗书，瞒过了警察？他并没有用催眠术或是欺骗手段骗妻子亲手写下遗书。

第一章　参考答案

1.美国著名的智力题创造者山姆·洛依德发明了这个T形七巧板游戏。就其优雅和简洁，没有其他游戏可以超越。它太简单了，只有这么少的几块，但它那乍一看简单得出奇的拼板往往会导致思维障碍。如果形成了这种障碍，那无论怎么拼也拼不出答案来。

或许最终灵感一闪，答案随之而来。这个产生灵感的时刻——"有了！"的时刻——往往伴随着创造性思维所带来的快感。

2.这里给出的解法需要12根火柴交于8个点。这是最好的解法。

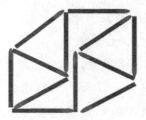

3.图A和图B的重新组合，使得火车失去了一个车厢。

4.

5. 哥伦布把鸡蛋的一端轻轻地敲破一点，就毫不费力地把鸡蛋竖着放在桌子上了。

6. 先向灯泡里斟满水，然后把水倒入量杯里，即可量出灯泡的容量。

7. 说得对。水能烧开。纸盒把热不断传给水，纸盒就烧不着，直到水被烧开。

8. 由于地心吸引力，水或别的液体的表面总是地球球面的一部分，而球面越大，它的表面的曲率就越小，即凸起的程度越小。在山峰，任何器皿所盛液体的液面成为以地心为球心的球面的一部分，比起放在山谷的器皿的液面来说，球的半径大些，换句话说，在山峰水的球形表面凸出于器皿边缘的程度较低。因此，在山峰器皿容纳的水比在谷底器皿容纳的水要少一点点。

9. 急中生智的经理对店员说的是："你赶快做个倒立给这位客人看看！"这样一来，这位店员便成了肚脐长在脚下面的人。

10. 怪盗窃得凡·高名画时，将一幅真伪难辨的赝品镶到了墙壁上。

因为赝品精巧逼真，以至美术馆的馆员都没有察觉。据说是两周后，有眼力的美术评论家及画商前来参观，发现是赝品，问及美术馆时，才发现名画被盗了。

11. 他卖的是望远镜。人们在人潮中为了把仪式看个明白，纷纷踊跃购买，使他大赚了一笔。这个人成功的关键在于他懂得顾客在想什么，他们需要什么。

12. 这一次，书商打出的广告语是：这是一本连总统都无法轻易做出判断的书。既然连总统都不能轻易做出判断，那么读者对这本

书就更加好奇，所以书又一次卖得很好也就不足为奇了。

13. 他返身跑回房间，对那些还在酣睡的马帮兄弟大声喊道："伙计们，你们谁把马丢了？"等到大家把各自的马领走了，剩下的就是他的马了。

14. 鲁班说的"一百一十一座庙"，原来用的是谐音，意思是："一柏，一石，一座庙。"

15. 这到底是怎么一回事？原来，这个犹太人不是来贷款的，他是在该地办事，由于身上带了那么多现金不方便，想让银行暂时保管一下他的巨额钞票。为了省钱，又为了减少麻烦，他想了不少办法。他也想过租用保险箱，但是问了好几家租金都太高，于是，他想到用 50 万美元作为抵押去贷 1 美元。这种做法，省去了租用保险箱的费用，而且也是法律允许的。

16. 秘书利用毛玻璃的特性，看到失主的动作，偷走了 10 枚金币。毛玻璃不光滑的一面只要加点水或唾沫，使玻璃上细微的凹凸成水平，就变得透明了，就能清楚地看到失主在房中所做的一切。而左边的房间毛玻璃的一面是光滑的，就不可能这样。

17. 斯蒂娜说家里停电 3 天了，可实际上只停了一个晚上，冰箱里的汽水还是冰凉的，福斯特探长喝了以后，就知道她在撒谎。

18. 能比潮水还快。

这个学生没有注意他犯了一个大错误。所谓"无风"，只是相对于静止的物体罢了。既然游艇被潮水推动，当然就会产生风，而且这种风还是顶风。既然游艇顶着风也能前进，如果能利用这种风，游艇不就有可能比潮水的速度更快地前进吗？

这个问题需要很好地思索。本是无风状态下游动的游艇，又考虑它受到风吹，这需要转变脑子的思考方向才行。

在现实生活中，事物都是变化的，当我们在风和日丽的天气中，乘坐轮船、火车前进时，你把头露出窗外，不是也会感到有凉风扑面吗？注意体会生活的细节，对于解决问题总会有帮助的。

19. 对于听不见声音的人来说，让他用眼睛去感受，这是非常美妙的想法。但对于贝多芬来说，他知道朋友来了电话，拿起话筒又能怎么样呢？还是什么也听不见。事情在设想阶段，提出的种种空想会成为创造发明的条件，但是不是能应用于实际生活，需要进一步考证，也就是说要具体评价物品的价值，还应立足于现实的实用性。

20. 在演出开始之前，先在手提箱内放两样东西。在伸出桌子的那边放一大块铁，而在另一边放一大块冰，冰块的重量再加上手提箱这边的重量便可以与铁块的重量平衡。但是，当冰块融化的时候，水就会均匀地分布在手提箱里，这样，铁块的重量就足以使手提箱从桌子上掉下来。这也可以算是一种计时装置。

21. 由于图形的特点，你可能尝试着垂直去分，虽这样可以等分，却不能保证形状相同。再考虑左右方向横着去分，这时最简单的分法也就成了最好的分法。

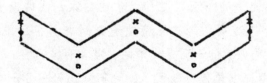

把图上所示的。和。及×和×分别用直线依次连起来，沿线放上火柴棒即可。

22. 一年（12个月）。此时行星B转了360°，回到了起点，而行星A刚好转了180°，它们与太阳位于同一条直线上，如下图所示。

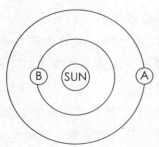

23. 因为这只鹦鹉只会说一国的语言。以前那只鹦鹉会模仿观众所说的话，到任何一个国家都能模仿该国的语言，所以观众觉得很有趣。现在这只鹦鹉只会用一国的语言回答问题，到了外国就无法让观众明白其中的趣味何在，当然不受欢迎。

24. 身高。通缉犯是青少年。经过一年，他极可能已经长高很多。

25. 因为这个宰相给狗做了阉割手术，所以30年前这个国家的狗就不再生小狗了，这样他既没有杀任何1条狗，也没有把狗放逐，就让整个国家1条狗都看不到了。

26. 自杀后，女明星的手回不到毛毯里。

27. 其实，这个问题的答案很简单，只要把蜡烛放在1个人的头顶上，那么就可以做到其余的9个人都能看见，只有1个人却看不见了。

28. 尼德尔瓦勒先生的那个朋友是位女士而不是男士，她女儿的名字当然就是埃莉诺。

29. 任取一根铁条，将其一端推向另一根铁条的中部，形成一个T字形。如果有磁性的铁条是T形的上面那一横，那么它对另一根铁条就不会有引力。

30. 不正确。重量是一种"重力加速度"，而在重力静止不动的太空中，根本没有所谓的重量问题，然而质量却丝毫没有增减。所以，太空船依然是太空船，任何人均无法将它玩弄于股掌之间。

31. 他的父亲是意大利驻外大使，他们从罗马搬到华盛顿，而丹尼尔只会说意大利语。

32. 塑料大棚的棚顶有坑洼处。因昨晚下雨洼中积水，正好形成凸透镜状，阳光折射聚焦，聚集的热量使塑料大棚里的干草燃烧起火。

33. 犯罪嫌疑人是在前一天晚上悄悄溜进车库作案的。

第二天早晨，当被害人想出车时，发现一个轮胎气太足了，这样车跑起来会出危险，便拧开气门芯想放些气。就在这一刹那，剧毒的氰化钾气体喷射出来使其中毒身亡。

34. 世界球星中有英国人、德国人、巴西人、意大利人，怎么都如此凑巧，只用英文签名呢？理由只有 1 个，就是大毒枭只懂英文，他在弄虚作假。

35. 那个女盗窃犯在手指指纹部位涂了透明的指甲油，故而咖啡杯上没有留下指纹。

36. 犯罪嫌疑人使用了无线电遥控模型飞机。1 马力以上的航模飞机，就能载着刀飞。犯罪嫌疑人让航模飞机从公寓飞出，一直飞到饭店的楼顶上空再翻跟斗，使刀落在楼顶上。这样一来，犯罪嫌疑人无须离开现场一步，就可将凶器抛得远远的了。

37. 这封信是由盲文写的，神秘乘客和一位盲人接头，盲文不用眼睛看，用手就可以阅读。

38. 探长在 K 市看到，铁路线上有座跨铁路的天桥，便由此断定，凶手是在夜深时，将尸体从桥上扔到正从桥下通过的货车车厢顶上的。后来，列车通过那段急转弯处时，由于列车倾斜，尸体便从车厢上甩下来落在路基下。

39. 赢家就是大会的主办人，因为这场大赛本身就是一个大骗局。

40. 金块被溶解在那些玻璃瓶内的黄色透明液体里了。黄金虽然坚硬非凡，但可以用王水溶解。所谓王水，就是浓盐酸与浓硝酸以 3：1 的比例配成的溶液，它可以溶解黄金和白金。1 升王水约可溶解 500 克黄金。5 升装的瓶子有 50 个。计算下来，差不多可以溶解 125 公斤的金子。走私集团将溶解后的液体放入玻璃瓶中交给买主。买主再经过化学处理，将之还原成金块。

41. 烟囱的作用是把热的烟气抽出房外，热的气体密度比其周围的空气小，所以烟囱中的热烟气柱的重量就比同样高度的空气柱轻，这样就产生了气压差，驱使烟囱中的烟气上升，从烟囱口冒出。烟囱高，压差大，抽力才能强。把烟的出口安置在炉旁，压差很小，

当然烟就不能抽出。

42. 绿玻璃只能透过绿光，其余的光全被挡住了。小矮人透过绿玻璃看红花，就看不到花瓣上的光线，因花瓣上反射出的唯一光线被玻璃挡住了。因此，红花透过绿玻璃时将显黑色。

43. 鸟误食了宝石，蛇又吃了鸟。宝石自然就被蛇吃掉了。

44. 如图所示，只要考虑把直线画出 9 个圆之外，就能发现只需 1 个转折角就可以一笔通过所有的圆。

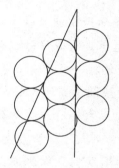

第二章　参考答案

1. 1184 与 1210。

2. 圆最大。这个答案是规律性的。

这是运用了等周长定理。等周长定理是在同一周长的平面图形中，圆的面积最大。

我们还可以利用物理知识来回答这个问题：相同的周长，即可理解为一根首尾相接的绳子，将此绳子以任意形状水平铺在一水平面上（认为绳子是有高度的，并且没有质量的），向绳子内注水，绳子在水的压力下，最后变成圆形，因为此情况可认为是由中心一点，向各个方向力均相等，因为水会稳定在势能最低的地方，即高度最低，由此得证，圆形是相同周长下面积最大的形状。

3. 首先，看看左边那副双杠，你有没有发现它的两根杠左右交叉了呢？

其次，再往地板上看，两边的台阶究竟是一级还是两级呢？

第三个错误出现在右边的单杠上。那位男子脚下踩着的木板是从哪里冒出来的？

事实上，这些都是在现实中不可能出现的。

4. (360×4 − 1200) / (4 − 2) = 240/2 = 120（一大二小灯的盏数），360 − 120 = 240（一大四小灯的盏数）。

5. 人用眼睛观察事物造成的模糊和误差是不会这样清清楚楚地呈现在眼前的。正因为如此，才有必要在头脑中把事物抽象化、一般化地考虑。

虽然说是三角形尖帽，但不是真正的三角形，如果认真一画，则呈现出如图（1）那样的形状，其中有两个边并不是直线，而是向内曲折。图（2）带斜线的那部分则是大出的面积，这大出的面积正好和空洞的面积一样大。

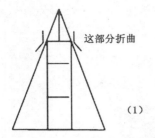

这部分折曲

(1)

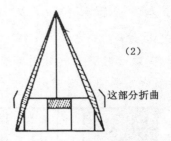

(2)

这部分折曲

6. 这些符号的共性在于它们都是数字。每个数字，即从1到9，都与各自的镜像刻在一起。如果你把每个符号的左半部分遮住，你就会明白。所以，所缺的数字是6，符号为右图。

7. 如下图所示，至多9个人。

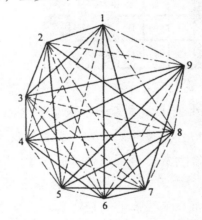

8. 男同学33人，女同学67人。

9. 45。45号应该站在中间，六边形中间的数字等于各对角的积相加的和，$32 = 1 \times 9 + 3 \times 5 + 2 \times 4$。

10. 不正确。设地球的半径为R，绳子与地球的间隙为H，则$2\pi(R + H) - 2\pi R = 10$。通过运算可得$H = 5/\pi \approx 1.6$（米）。因此，一个1米高的小孩绝对能过去。

11. 显示为11点40分的表比12点15分的表慢35分钟，那么"一只慢表与一只快表到准确时间的差为9分钟"指的两只手表，也

就是12点08分的手表和11点53分的手表，日食发生的准确时间就是12点05分。

12. 在戴维的嘴里和胃里都有鲜樱桃，这说明他死前一直吃着樱桃，然而汽车的内外毫无污痕，在地面上也没找到樱桃核。

13.

B	R	T	H	E	C	S	A	U
A	E	S	U	B	T	R	C	H
U	H	C	S	R	A	B	E	T
R	S	E	A	C	U	H	T	B
C	A	B	T	H	R	E	U	S
T	U	H	B	S	E	A	R	C
H	C	R	E	U	S	T	B	A
S	T	U	R	A	B	C	H	E
E	B	A	C	T	H	U	S	R

14. 第一个医生戴上两双手套，上面套的第二双手套的外面接触到贵妇；第二个医生戴上刚才第一个医生套在外面的第二双手套，这样仍是这双手套的外面接触到贵妇。而且他没有和第一个医生接触；第三个医生把第一双手套翻过来戴在手上，这样，他不会接触到第一个医生接触到的那一面。然后他再套上第二双手套，这样，接触到贵妇的仍是第二双手套的外面。这样，三个医生之间以及和贵妇之间都没有接触，所以是最安全的。

15. 苏菲的丈夫文森是个骗子，他是这艘观光客轮的一等水手。为了骗取苏菲的2万美元，他使用假名，隐瞒船员身份，同她闪电般地结了婚。在码头上，他同苏菲一起上舷梯时穿的是便服，以便不暴露身份。二等水手以为上岸的一等水手回来了，怎么也不会想到他是苏菲的新郎，所以在苏菲向他们询问时，说了那样一番话。文森在船舱的门上贴上了假号码。第二天早晨，打电话把苏菲叫到甲板上并企图杀害她的也是他。

16.

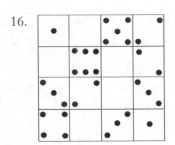

17.

18. 老二的饭先熟。因为铝盖散热，秫秸盖密封不严，木盖最保温。

19. 正确。我们可以用假设进行分类讨论，从"无论人数多少"入手，考虑人数为奇数或偶数的两种不同情况。若交易会上的人数为偶数，设人数为 2n，则每个人赠送其他人的名片张数为

$(2n-1)$，那么名片的总张数为 $2n(2n-1)=4n^2-2n$，显然是偶数。若交易上的人数为奇数，设人数为 $2n+1$，则每个人赠送其他人的名片张数为 $2n$，那么名片的总张数为 $(2n+1)2n=4n^2+2n$，仍为偶数。所以，"用来交换的名片的张数总是偶数"是对的。

第三章　参考答案

1. 葛鲁丘想出来一个十分巧妙的方法。他让商店的包装师找出一个0.9米宽、1.2米长的大盒子。他把喇叭的橡胶球拆掉，然后把喇叭放在盒子的对角线位置上，如右图所示（这个对角线的长度为1.5米）。这样，就符合邮局的标准了。

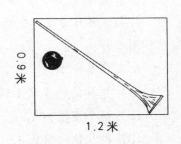

2. 这两个问题是相关的，因为无论3个村庄在什么位置，都可以把它们看作三角形的3个顶点。无论对村庄或三角形，我们都要求到3个顶点距离和最短的那个点。

在三角形的3个角都小于120°时，只要在三角形中找一点，其到任意两顶点的连线的夹角都是120°。对于有一个角大于120°的三角形，最短路径经过构成这个角的顶点，如右图。

3. 第一道题只要改变两个算式符号即可：$14 - 7 + 4 = 11$。第二道题则要将后面加号中的横移到前面：$114 - 111 = 3$。

第二道题如果换一种思路，1既可以是数字1，又可以是绝对值符号。这个算式可以变成 $14 - |11| = 13$，把后面的加号变成1，拿走的横放在3的前面。还有其他的形式，如 $14 - |11| = 3$（把加号的横换成绝对值符号）。当然，这需要思维的创新，改变根深蒂固的运算习惯。

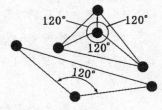

4. 雪花曲线所围的面积是原三角形面积的 8/5。

顺次计算前几个雪花曲线所围成的面积或计算前后变化的比例，做数学分析找出规律，即可得出结论。

5. 按照下面的步骤移动就可以获胜：2 号移到 1 号、6 号移到 2 号、4 号移到 6 号、7 号移到 4 号、3 号移到 7 号、5 号移到 3 号、1 号移到 5 号。

6. 可分 8 步：

（1）先从油瓮里倒 1.5 公斤油装满小瓶。

（2）把小瓶里的 1.5 公斤油倒入大瓶。

（3）再从油瓮里倒 1.5 公斤油装满小瓶。

（4）把小瓶里的油倒满大瓶，小瓶剩 0.5 公斤油。

（5）把大瓶里的 2.5 公斤油倒还油瓮，这时油瓮有 3.5 公斤油。

（6）把小瓶的 0.5 公斤油再倒入大瓶。

（7）从油瓮里倒 1.5 公斤油装满小瓶，这时油瓮里就剩 2 公斤油了。

（8）最后把小瓶里的 1.5 公斤油倒入大瓶，于是大瓶里也是 2 公斤油。

7. 猴子的总数是 16 或 48 只。由 $x - (x/8)^2 = 12$，得 $x_1 = 16$，$x_2 = 48$。

8. 酒杯里的水和水杯里的酒相等。证明如下：

（1）假如每个玻璃杯里都有 100 个单位的液体，茶匙可以容纳 10 个单位的液体。

（2）珀西用茶匙从水杯取出 10 单位的水并倒入酒杯，然后搅拌均匀。

（3）现在酒杯里有 110 个单位的液体。当珀西从酒杯取出一匙液体后，两种液体他将各取出 1/11，这样，茶匙里有 $9\frac{1}{11}$ 个单位的酒、有 $\frac{10}{11}$ 个单位的水。然后，他把茶匙里的液体倒入水杯里。

（4）现在水杯里有 $90\frac{10}{11}$ 个单位的水、有 $9\frac{1}{11}$ 个单位的酒，总共有 100 个单位的液体。

（5）酒杯里现在有 $90\frac{10}{11}$ 个单位的酒、有 $9\frac{1}{11}$ 个单位的水，总共有 100 个单位的液体。

9. 当两趟列车正好要错车时，它们离 A 的距离是相同的。千万不要去计算，题中的路程和速度会把你引向错处。因为问的是离 A 的距离。当列车错车时，即两列车在同一个位置时，离 A 的距离当然是相同的。列车跑得再快，也与本题无关。

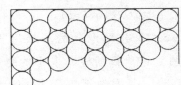

10. 这是一个排列上的问题。只要采用下图的排列方式，便可在原来的盒子内摆下 50 粒巧克力，以达到应有的重量。因此，巧克力的排列方式不是 8×6，而是其中有 5 行有 6 粒巧克力，另外 4 行则有 5 粒巧克力。

11.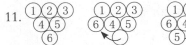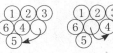

12. 每一位赞助人捐款的金额为：

（1 + 2 + 4 + 8 + 16 + … + 2^{25}）角大约等于 6710886 元，或是平均每一英里 258111 元。但愿这些赞助人都是百万富翁。

13. 大姐 264 个，二妹 198 个，三妹 308 个。

14. 609.16 米。

先求出挂气球线路的长。挂气球线路是一个圆的周长，这个圆的周长是：

2×314 = 628（米）

这个圆的直径是：

628÷3.14 = 200（米）

由于气球是挂在距离建筑物均为 3 米的圆周上，因此圆形建筑物的直径是：

200 － 3×2 = 194（米）

圆形建筑物的周长是：

194×3.14 = 609.16（米）

综合算式：

(2×314÷3.14 — 3×2)×3.14

= （200 — 6）×3.14

= 194×3.14

= 609.16（米）。

15. 按魔术师的要求写下的是一个数列，即著名的斐波那契数列。这一数列有一个奇妙的规律，前 10 项的和等于第 7 项的 11 倍。因此，只要把第 7 项（上例中的 80）乘以 11，就得出这些数之和。

16. 设英亩数为 x，所支付的小麦的公斤数为 y，则根据题意可列出以下两个方程：

(3y/4 + 80)/x = 7，(y + 80)/x = 8。解此方程组，即可得出公斤数是 80，而这块农田的面积为 20 英亩。

17. 如下图所示，只需移动 2 块屏风即可。

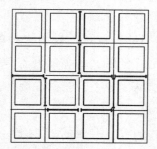

18. 将数字 8 中间的火柴移到 6 的一边，使 6 变成 8，如下图所示。

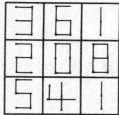

19.

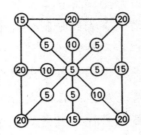

20. 本题答案不唯一，例如：

21. 将字母用以下数字来代替：a＝2，b＝11，c＝8，d＝1，
e＝14，f＝4，h＝13，i＝5，j＝9。

22. $2+2-2-2=0$

$(2÷2)×(2÷2)=1$

$(2÷2)+(2÷2)=2$

$(2+2+2)÷2=3$

$2+2+2-2=4$

$2+2+(2÷2)=5$

$(2×2×2)-2=6$

$(2×2×2)+2=10$

$(2+2+2)×2=12$

23. 有人可能认为一个钝角三角形是不可能完全分割成锐角三角
形的，但事实上这是可能的。下图显示了如何把任意一个钝角三角
形分割成7个锐角三角形。事实上，7个锐角
三角形是最低限度。也就是说，一个钝角三角
形不可能分割成6个或6个以下锐角三角形。

现在我们来看上述图形是如何基于分析做出的。首先，钝角三角形中的那个钝角必须由一条直线分割成两个锐角，但这条直线不能到达对边，否则又会产生一个新的钝角。这样，已完成的步骤就会变得没有意义了。也就是说，这条直线的终点必须是在三角形的内部。其次，必须至少有5条直线在此点上相交；否则，以此点为共同端点的三角形不可能都是锐角三角形。这样，就在该钝角三角形内部形成了一个五边形，这个五边形由5个锐角三角形构成，加上另外2个锐角三角形，共7个锐角三角形。

24. 学经济的人的计算方法是这样的：钱的增加和所购物的价格上涨正好抵消。没做交易前，5元钱就能买到所购物，但交易后7元才能买到，这里6元和8元是相同的使用价值，第1次交易后钱是比交易前多了1元。但是物价上涨到7元，从使用价值来说还是亏了1元的，这亏的1元又从第二次交易中赚了回来，所以说并没有赚到钱，这就和期货里的套期保值是一样的。经济学者说的赚钱是经济里的赚钱，而不是纯数字里的比大小。钱只是作为一种币值而已，不具有价值，换句话说拿在手上的钱是不具有实在意义的，只有凭借它换取了相应的物才有实在的价值，而物随着时间空间等不同因素的变化其相应的币值会不一样，回到交换的实质，钱不是价值只是一种流通的工具。但是这样的算法就使得本题的条件不足，缺乏时间的限定。

一般人的算法是 6 - 5 + 8 - 7 = 2，这种算法没什么错误，最后这个商人赚了2块钱。可是我们看到，他的投资成本从开始的5元钱，到第二次买回所购物时，又增加了1元钱。所以，他的投资成本并不是5元钱，而是6元钱。最后赚到的2元钱并不足以买回所购物。所以，如果这个交易仍然持续下去的话，他只能投入越来越多的成本。

25. 很多人会被"挪动"一词限制，根本想不到水可以从这个杯倒入另一杯，这就是问题的巧妙之处。

如果能动一动脑筋，这件事是很简单的。不动脑筋，挪起来可就费事了。在日常生活中，类似这样的情况经常会碰到。例如，书店架上并排放着的书，抽出两本卖掉以后，中间出现空当，营业员为填满这个空当，若把空当右侧并排的书，依次左移，就很麻烦。但是，如果考虑到书怎么排列都没有关系，就只要把书架右端的两本取下插入空当就可以了。这样做，工作效率高。而不动脑筋的习惯做法则往往会使头脑只是朝固定方向想，转不了弯。

26.

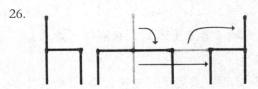

27. 这是利用狮子的巧妙犯罪。

凶手在女驯兽师的头发上喷洒了气味刺激性很强的香水，所以狮子鼻子发痒一打喷嚏，刚好咬碎了伸进口中的驯兽师的头。

狮子露出的可怕微笑，其实是要打喷嚏的表情。

28. 原来，简的妻子为了保住遗产，故意把没有墨水的钢笔递给简。由于库尔和简都是盲人，自然也就没有发现，所以没有字的白纸最终被当成遗嘱保存下来。遗嘱上虽然没有字迹，但钢笔写字时划过白纸留下的痕迹仍然存在，经过仔细鉴别是可以分辨出来的，所以探长坚持认为遗嘱仍然有效。

29. 窃贼用纸口袋装着 1 只他养的信鸽，行窃后，他将邮票绑在信鸽脚上，从窗户放飞信鸽，将邮票带回了家。

30. 下图是其中一种方法。

$$
\begin{array}{ccccc}
\bigcirc & \bigcirc & \bigcirc & \bigcirc & \bigcirc \\
\bigcirc & \bigcirc & \bigcirc & \bigcirc & \bigcirc \\
\bigcirc & \bigcirc & \bigcirc & \cdot & \cdot \\
\bigcirc & \bigcirc & \bigcirc & \cdot & \bigcirc \\
\bigcirc & \bigcirc & \bigcirc & \cdot & \bigcirc \cdot
\end{array}
$$

31.是第5个三角形数15。

32. 正方形截口的边长为 6 厘米。

原来正方体的表面积为：$6 \times 3a \times 3a = 6 \times 9a^2$（平方厘米）。

6个边长为a的小正方形的面积为：$6 \times a \times a = 6a^2$（平方厘米）。

挖成的每个长方体空洞的侧面积为：$3a \times a \times 4 = 12a^2$（平方厘米）。

3个长方体空洞重叠部分的边长为a的小正方体空洞的表面积为：$a \times a \times 4 = 4a^2$（平方厘米）。

根据题意：$6 \times 9a^2 - 6a^2 + 3(12a^2 - 4a^2) = 2592$。化简得：$54a^2 - 6a^2 + 24a^2 = 2592$，解得$a^2 = 36$（平方厘米），故$a = 6$（厘米），即正方形截口的边长为6厘米。

33. 无法拼出更小的正方形。显然不可能拼出 2×2 的正方形，面积为 9 平方单位的 3×3 正方形也不可能由面积为 4 平方单位的形状组合而成。

下面的拼出的是面积为 5×4、6×4、7×4、8×4 与 9×4 的长方形。从前 3 个图可以看出如何从一个解推演出另一个解，而从 8×4 的长方形中则可以看出要利用到 180° 旋转对称。这些解都不是唯一解。例如，将 5×4 的解放在 4×4 的解的旁边，就可以得到另一种 9×4 的解。当 R＞4 时，所有 n×4 的长方形都是可能拼出来的，我们很容易就可看出，这可以将上述已知的解组合在一起而得到。由于产品形状的面积为 4 平方单位，因此只需要考虑面积为 4n 平方单位的形状，这就排除了拼出 5×3 与 6×5 的长方形，以及面积为 210 平方单位长方形的可能性。

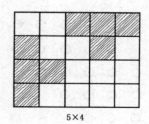

5×4

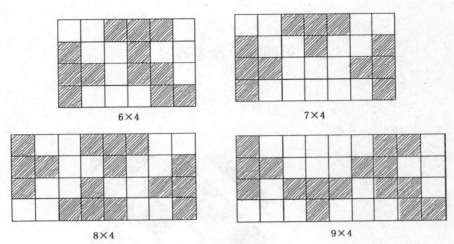

6×4　　　　　　　　7×4

8×4　　　　　　　　9×4

34. 温度高的一杯冷得快。这就是姆潘巴现象。冷却的快慢不是由液体的平均温度决定的，而是由液体上表面与底部的温度差决定的，热牛奶急剧冷却时，这种温度差较大，而且在整个冻结前的降温过程中，热牛奶的温度差一直大于冷牛奶的温度差。上表面的温度愈高，从上表面散发的热量就愈多，因而降温就愈快。

第四章　参考答案

1. 无论如何画箭头，都会有一条连接 6 个城市的路径。因为这是一个有向完全图。

2. 可以。如图所示。

3. 一个球同时最多与另外 12 个相同的球接触：中线上围 6 个，两端各放 3 个。这是同时能相"吻"的最大数目。因此，一次能把 13 个小球塞入直径是其 3 倍的大球中。

能同时互相接触的相同小球的数目叫作"接合数"（kissing number）。与接合数有关的问题涉及许多领域，比如编码校验——使之能在多噪声的电信道上传播。

4. 可以。如图所示。

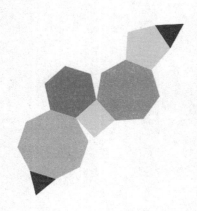

5. 有 3 种拼法，其中 1、2、3 三块要翻过来用。

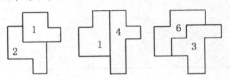

6.

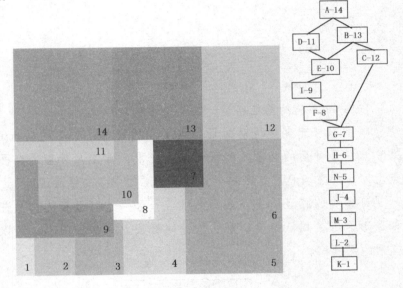

7. 沿着莫比乌斯带的中心环线把它剪开，还是一根带子，但长度是原来的两倍。

将右手手套放到莫比乌斯带所在的空间，手套将会出现自然易位现象。在我们生活的空间里，右手套永远是右手套，而在莫比乌斯带上，因为不用自己翻转便可以自然扭转 $180°$，所以，右手套转到莫比乌斯带的对面便自然成了左手套。

8. 如图（2）（3）所示。

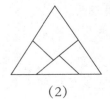

（2）

（3）

9. 带有小圈的摆线，如下图所示。

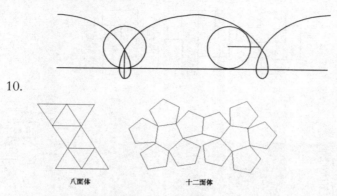

10.

八面体   十二面体

11. 每一条狗的路径将是一条等角螺线。

考虑以匀速直线运动的目标点 T 和随时都指向 T 的动点 P，如果 P 点从最外面的椭圆上的任何一点出发，点 T 从外面的椭圆的集点出发，那么点 P 总是在同一点，即椭圆的中心处俘获 T。

每条狗的路径将是一条等角螺线，如果适当数量的狗从任何正多边形的每个顶点出发，那么结论同样成立。这种图形给人以一种强烈的深度感。

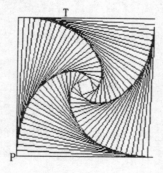

12. 图 1 为平行于底面的平面截得圆。

图 2 为平行于圆锥高的平面截得双曲线。

图 3 为与底面所成角小于圆锥母线与底面所成角的平面截得椭圆。

图 4 为与底面所成角大于圆锥母线与底面所成角

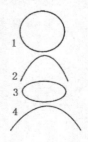

的平面截得抛物线。

13. 图 A 所示的是最初的三角形，上面显示了将要被剪成的 5 个部分。纸片 1 便是这 4 个等边三角形中的一个。图 B、C、D 展示了其余 3 个三角形是如何利用这些纸片组成的。

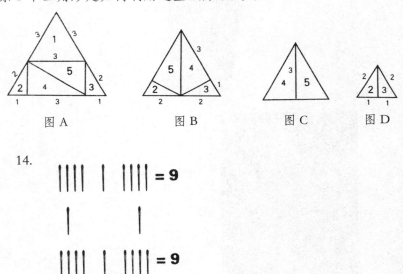

图 A   图 B   图 C   图 D

14.

$$\text{||||} \quad | \quad \text{||||} = 9$$

$$\text{||||} \quad | \quad \text{||||} = 9$$

15. 对于二维生物来说，球只是一个圆。所以，如果球开始接近平面，接触甚至穿过平面时，它们所能看到的只是球与平面的接触面。球在接触平面的一瞬间，会看见一个小点，然后小点不断扩大，到与球的半径相同时，又逐渐变小，最后全部消失。

16. 丙。

17. 四维球接近我们居住的三维空间时，因为四维球与三维空间相遇的切口是球形（普通的三维球）的，于是，当其落下来时我们的眼前会突然出现一个小点，然后逐渐扩大，变成球形。到与四维球半径相同的时候，再逐渐变小，到最后完全消失。

18. 同样的情况它可以不用换球，转个圈就可以，也可以一点不弄破地把薄软的木胶球（三维）从里面翻到外面，像我们翻纸带一样轻松。

19. 这个不同寻常的动物身上一共包含了下列 6 种动物的特征：老鼠、鱼、斑马、大象、猎豹、马。

20. 建筑物的实际立体图，如下图所示。

21.

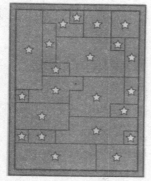

22. 60 个车站。我们来沿螺旋线布列互不相交的图形，使它们布满整个 20×20 正方形，图形形态如图 1 所示。这样的图形可放下不少于 60 个，而在每个图形中都至少存在一个车站。这表明车站数目不少于 60 个（按照图 2 所示的设计方式布列，则恰好能安排 60 个车站）。

图 1

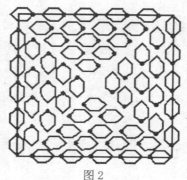

图 2

23. 短针的一个刻度间隔，相当于长针的 12 分钟。短针正对着某一个刻度时，长针可能是 0 分、12 分、24 分、36 分或 48 分中的任一位置上。根据这种情况，就可以得到答案：只能是 2 时 12 分。

24. 看到并排一直线，只是鸟瞰时造成的视差。站在平地上看，则看到如下图的景象。10 根中的 9 根是相重叠的，可以看成 1 根，而最后那 1 根是另外看到的 1 根，共计 2 根。

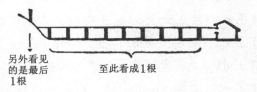

另外看见的是最后 1 根

至此看成 1 根

25. 问题是从哪个口进去也出不来。

26. 如下图所示。经常吃苹果的人不会想到，假如自己稍加留心，就会发现令人瞠目结舌的美。逐渐培养自己这一方面的感性认识，也是创造性思维的起点。

第五章　参考答案

1. 开局时白方的皇后（下简称为后）棋在 c2，而黑方的国王（下简称为王）棋在 a3。步骤如下：

（1）后 c3 王 a2（后走至 c3 对王形成威胁，王只能躲到 a2 以求保命）。

（2）后 c1 王 b3（后走至 c1 时，王就无法再走到其他地方而只能斜走至 b3）。

（3）后 a1 王 c2（后平移至 a1，王又只能走到 c2，因为其他地方都在后的封杀范围之内。）

（4）后 a2 王 c3（后上升至 a2 对王叫吃，王走到 c3 以避锋芒）。

（5）后 b1 王 d2（后斜飞至 b1，王又不得不躲到 d2）。

（6）后 b2 王 d1（后再次叫吃，王若不走进 d3 就得走进 d1）。

（7）后 a2 王 c1（后由 b2 退至 a2，在后的严密看管下，王无法升至第 2 行，只能走到 c1）。

（8）后 b3 王 d2（后斜飞至 b3，王就只能又回到 d2，十分被动）。

（9）后 b1 王 c3（后不走到 b2 叫吃而走到 b1，于是王除了走到 c3 处别无他法）。

（10）后 a2 王 d3（当后走到 a2 时，王欲向左向下都已不行，只有乖乖俯首走进 d3 格内了）。

2. 阿基米德证明了鞋匠刀形的面积等于以 AC 为直径的圆的面积。AC 和这两个较小的半圆的另一条切线 BD 一起，给出矩形 ABCD。如果鞋匠刀内两个内切圆位于 AC 的两侧，并与 AC 相切，那么这两个圆相等。

3. 不能。

欧拉把该问题简化为网络图，并且归纳为"一笔画"的几何问题，即把两岸、小岛和半岛看作网络中的 4 个节点。小岛连有 5 座

桥，两岸和半岛各连 3 座桥。因为 3 和 5 都是奇数，所以这 4 个点都是奇顶点，或奇点。如果连有偶数座桥，则为偶顶点或偶点。

　　欧拉发现，对于一个可以一次走遍（遍历）的网络，其奇、偶点具有许多性质。特别的，欧拉注意到：一个奇顶点在这种遍历式的旅行中，要么是起点，要么是终点。由于一个遍历的网络只能有一个起点和一个终点，因而这种网络的奇点数不能多于两个。然而在哥尼斯堡七桥问题的网络中却有四个奇点，因而它是不可能被遍历的。

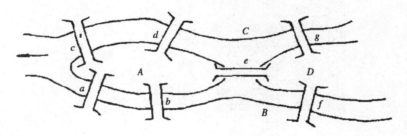

4. 可以倒着，由出口向入口走。

5. B。

6. C。

7.

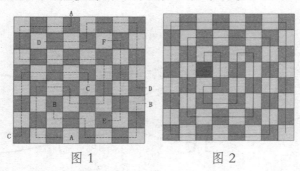

8. 图1表明五名看守人的行进路线，图2则是伦敦塔看守人到达那"深色屋子"的走法，他只要拐16次弯就够了。

图1　　　　　图2

9. 除了图中的答案，还有许多走法。

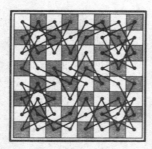

10. 3 张扑克牌（从左到右）为：方块 A、红桃 K 以及黑桃 2。

11. A 点。

通过两人第一次相遇在 D 处，第三次相遇在 C 点，我们可以推断出第二次相遇在 AF 的中点；也就是可以得出，在相等的时间内，每一次相遇，爱丽丝走这个正六边形 2.5 个边长的距离；而贝克走 3.5 个边长的距离。这样，我们可以推出第七次相遇正好在 A 点，而他们的爱情也将降临在此点。

12. 最短的路径如下图所示。

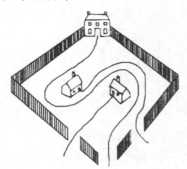

13.

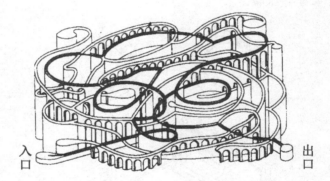

入口　　　　　　　　　　　　　　出口

14. 滑雪场到作家的住地有 $133\frac{1}{3}$ 公里（$100 + 33\frac{1}{3} = 133\frac{1}{3}$）。

15.

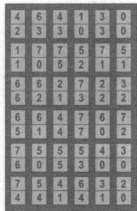

4	6	5	1	3	0
2	3	3	0	3	0
1	7	5	5	7	5
1	0	5	2	1	1
6	6	2	7	2	3
6	2	1	3	2	2
6	4	6	7	6	7
5	1	4	7	0	2
7	5	5	5	4	3
6	0	5	3	0	0
7	5	4	6	3	2
4	4	1	4	3	0

16. 如下图所示，将 A、B、C、D4 点连成 AB、CD 两条直线，

就能把月牙形分成 6 部分。

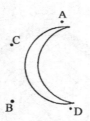

17. 把塑料管弯过来，使两端的管口互相对接起来，让 4 个白球滚过对接处，滚入另一端的管口，然后将塑料管两头分离，恢复原形，就可以把黑球取出来。

18.

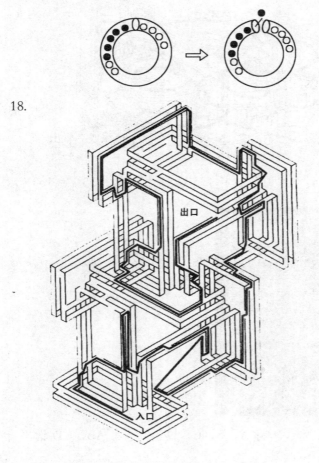

19. 最短的路径如下图中箭头所示。

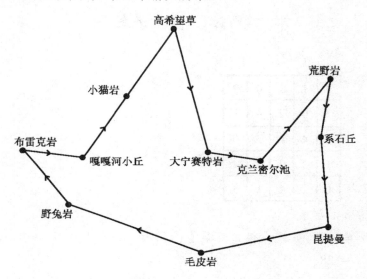

第六章　参考答案

1.

4	1	3	0	2
3	0	2	4	1
2	4	1	3	0
1	3	0	2	4
0	2	4	1	3

2.28 名学生。

设毕达哥拉斯共有 x 个学生，则有：$1/2x + 1/4x + 1/7x + 3 = x$，$x = 28$。

3.（1）从"他们不能按每列 9 人凑成两队"可知，4 家孩子总数不足 18。

（2）叔叔家孩子只能是 1 或 2，若叔叔家孩子数多于 2 个则至少是 3 个，那么妹妹家至少有孩子 4 个，弟弟家至少有 5 个，华生家至少有 6 个，这样总数为：$3 + 4 + 5 + 6 = 18$（个），显然不对。

（3）华生家的门牌号是 144：$2 \times 3 \times 4 \times 6 = 144$，$2 + 3 + 4 + 6 < 18$，所以，华生家有 6 个孩子，弟弟家 4 个，妹妹家 3 个，叔叔家 2 个。

4.祝贺你！你既然还活着来核对答案，说明你一定是按照图示那样剪了 8 次。

5. 将两个瓶塞纵向切开，然后，把每半个瓶塞插进 4 个叉子的齿上（如右图所示），保证叉子与齿的角度小于 90°。现在，把这 4 个叉子放在盘子的四周，同时，叉子要面向盘子的边，这样叉子就不会乱动。然后，你就可以轻而易举地把盘子稳稳地放在针尖上了。

6. 两行筹码要相交在一个角，而那个角上的筹码上面又有另一个筹码。这样，一行有 5 个筹码而另一行有 4 个筹码（如右图所示）。

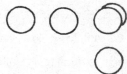

7. 这个题不止有一个答案，下面是其中之一：

$1 + 2 + 45 - 67 + 89 = 70$。

8. A 可以单独作为正方形，2 个 B 拼在一起成为第 2 个正方形，2 个 C 可以组成第 3 个正方形，4 个 D 可以构成第 4 个正方形。

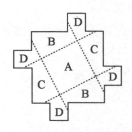

9. 凹面镜可以使反射的阳光集中到一点，集点的温度非常高，而白帆布又特别容易燃烧，并且那天的阳光是火辣辣的，所以阿基米德的妙计一下子就成功了。

10. $4 \times 4 \div (4 \times 4) = 1$；$4 \div 4 + 4 \div 4 = 2$；$(4 + 4 + 4) \div 4 = 3$；$(4 - 4) \times 4 + 4 = 4$；$(4 \times 4 + 4) \div 4 = 5$；$(4 + 4) \div 4 + 4 = 6$；$4 + 4 - 4 \div 4 = 7$；$4 + 4 - 4 + 4 = 8$；$4 \div 4 + 4 + 4 = 9$。

11. 首先按下的按钮应是第 5 行与第 3 列交叉处的 "2R" 按钮。

12. 爱因斯坦还是笑着回答说："是呀，反正现在这里的人都认识我了，穿什么也就无所谓了。"

13. 这个数是 628。

14. 萧伯纳去售票处买了一张 4 英镑的门票，演出的收入就达到了 5 万英镑，经理就必须按合同付给他稿酬。

15. 金箱中原有 40 件首饰，银箱中原有 30 件首饰。

设金箱和银箱中原各有 a 件和 b 件首饰，先列出二元一次方程组如下：$(0.25a + 5) \times 2 + 10 = a$,

$(0.2b + 4) \times (2 + 1) = b$

求解得：$a = 40$，$b = 30$。

所以，金箱中原有 40 件首饰，银箱中原有 30 件首饰。

16. 贝蒂骑 1 个小时的自行车后把自行车放在路边，并继续步行 2 个小时，行走 8 千米后到达她的姑妈家；纳丁步行 2 个小时后到达放自行车的地方，然后骑 1 个小时的自行车，这样她就能和贝蒂同时在最短的时间到达姑妈家。

17. 在钟面上，因为这只停摆的钟一直指着 9 时 35 分 15 秒，因此密码为 93515。

18. 放在哪个位置取决于倒药的次数。如果不使 A 受害，放在 D 的位置即可。

胜负取决于第 55 次是奇数。泻药不管放在 C 还是 D 位置，倒来倒去只有中间的杯子才能在奇数次倒入。因此，要想使 A 不受害，那就设法使 B 处于中间的位置，即泻药杯子放在 D 位置上。

19. 蒂莫西让 10 根小链条原封不动，只是把余下 3 根小链条的 9 个链环割开。他用这 9 个链环把先前的 10 根链条连接起来。要把这根长链条首尾相接，只要割开再焊合顶端一个链环即可。所以，莫蒂西割开并焊合了 10 个链环。做这些工作用了 $10 \times (10 + 4) = 140$ 分钟。

20. 科伦坡刑警看了遗书上的日期便起了疑心。

假如真是英国人写的，那么1990年3月15日就应该是"15.3.90"。英国人首先写表示某日的数字，然后才写某月的数字。

然而，美国人的写法正相反，是月在前，日在后，即"3.15.90"。另外将3月15日用斜线隔开时，英国式是15/3，美国式是3/15。

21. 斯巴达克拔腿就跑，三个对手紧紧追赶。由于三人速度不一样，四个人之间有了距离，忽然斯巴达克返身迎战，各个击破。

22. 想求救。因为 $101 \times 5 = 505$，而505在计算器的液晶显示屏还可看作"SOS"，即国际上通用的呼救信号。

23. 杯子上的红色，也就是唇印，而修女是不会涂口红的。因为修女和司机进来的时候，哈瑞并没有注意看修女的唇，因此没有立即发现这个疑点。

24. 因为侦探要多下一层。大楼正门在一层，女盗上三楼，只要爬两层就行了。而亨利侦探的地下三层是要下三层楼。也就是说，亨利侦探要比女盗多爬一层，当然要输。

25. D、A、C、B、E。后发射的子弹，其裂痕在先发射的子弹裂纹处被挡住停下。

26. 福特探长在打电话时做了点手脚。在通话时，探长一讲到无关紧要的话，就用手掌心捂紧话筒，不让电话中的另一方听到，而讲到关键的词语时，就松开手。

这样，警方就收到了一段"间歇式"的情报电话："我是福特……现在……金冠大酒店……和目标……在一起……请……快……赶来。"

27. 刑警看到水槽里的热带鱼欢快游动，便识破了这个女人的谎言。因为在下大雪的夜里，如果真停了一夜的电，那么水槽里的自控温度调节器也会断电，到清晨时，水槽里的水就会变凉，热带鱼也就冻死了。

28. 如果温斯顿开车行驶了600英里，回到家才5分钟，那么汽车的发动机罩应该烫人，光屁股的小孩子就不可能爬到上面唱歌了。

29. 当达菲夫人说"我这里没有小苏打"时，警长意识到她的南屋并不是面包房。小苏打是烤制面包和糕点必备的配料，达菲夫人如果自制面包出售，就不应没有贮备。

30. 首先要关上水龙头。

31. 男子说热水瓶里装的是咖啡，他妻子每20分钟要吃一片药，用咖啡冲服。这对夫妇是下午2点50分进店，4点20分结账，他们在店里共待了90多分钟。在这段时间里，女子应4次用瓶内咖啡吞服药片。安妮看到的却是满满一瓶咖啡。显然，男人在说假话。

第七章　参考答案

1.如果一开始 A 就选择不合作，则两人各得 1 的收益，而 A 如果选择合作，则轮到 B 选择，B 如果选择不合作，则 A 收益为 0，B 的收益为 3，如果 B 选择合作，则博弈继续进行下去。

可以看到每次合作后总收益在不断增加，合作每继续一次总收益增加 1，如第一个括号中总收益为 $1 + 1 = 2$，第二个括号为 $0 + 3 = 3$，第二个括号则为 $2 + 2 = 4$。这样一直下去，直到最后两人都得到 10 的收益，总体效益最大。遗憾的是这个圆满结局很难实现！

大家注意，在上图中最后一步由 B 选择时，B 选择合作的收益为 10，选择不合作的收益为 11。根据理性人假设，B 将选择不合作，而这时 A 的收益仅为 8。A 考虑到 B 在最后一步将选择不合作，因此他在前一步将选择不合作，因为这样他的收益为 9，比 8 高。B 也考虑到了这一点，所以他也要抢先 A 一步采取不合作策略……如此推论下去，最后的结论是：在第一步 A 将选择不合作，此时各自的收益为 1，这个结论是令人悲哀的。

不难看出，这个结论是不合理的。因为一开始就停止的策略 A、B 均只能获取 1，而采取合作性策略有可能均获取 10，当然 A 一开始采取合作性策略有可能获得 0，但 1 或者 0 与 10 相比实在是很小。直觉告诉我们采取"合作"策略是好的。而从逻辑的角度看，A 一开始应选择"不合作"的策略。人们在博弈中的真实行动"偏离"了运用逆推法关于博弈的理论预测，造成二者间的矛盾和不一致，这就是蜈蚣博弈的悖论。

2.设 x_1、y_1、z_1、t_1 分别是白、黑、花、棕四色公牛的头数，x_2、y_2、z_2、t_2 分别是白、黑、花、棕四色母牛的头数。则这八个未知数应满足 $x_1 = 10366482$，$y_1 = 7460514t$，$z_1 = 7358060t$，$t_1 = 4149387t$；

$x_2 = 7206360t$，$y_2 = 4893246t$，$z_2 = 3515820t$，$t_2 = 5439213t$；$t = 1$，2，3……t 是正整数。

所以，太阳神的牛最少也有 50389082 头，小小的西西里岛岂能容得下 5000 多万头牛？显然这是天才的阿基米德在戏弄厄拉多塞尼等人。

在本题的假设之下，各种牛的最少头数为：

白公牛：10366482；白母牛：7206360；黑公牛：7460514；黑母牛：4893246；花公牛：7358060；花母牛：3515820；棕公牛：4149387；棕母牛：5439213。

3. 蜘蛛吐丝是寒潮来临的信号，这时，法兰西的军队就再也不用害怕荷兰的水闸放水了，因为水都结成冰了。

4. 不能。因为汽车开进悬岩后，营救人员还有 20 米没有跑。

设汽车速度为 v，则有营救时间为 $\frac{80}{v}$，那么营救人员能跑的路为 $\frac{80}{v} \times 20v = 160$ 米，$180 - 160 = 20$ 米。

5. 设苹果的总数为 x，那么，给了第一个守门人 x/2，第二个守门人 x/4，第三个守门人 x/8，最后的守门人是 x/16，剩下的则为 x/16。解得 x/16 = 10，x = 160。所以，一共摘了 160 个苹果。

6. 最少需要 10 位巡警，其配置如下图所示。

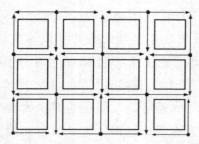

7. 40 天。由题中所提供的条件可得出下面的结论。母狗单独吃一桶肥肉要用的天数：1/（1/60 － 1/210）＝ 84（天），即 12 星期。公狗单独吃一桶瘦肉要用的天数：1/（1/56 － 1/280）＝ 70（天）即 10 个星期。

公狗吃瘦肉的速度为至多 10 星期吃一桶,因此它将用 5 星期吃完半桶。在这段时间内,母狗将吃掉 5/12 桶肥肉,这就留下 1/12 桶肥肉让两条狗合吃,其速率为 60 天吃完一桶。因而它们将用 5 天时间把肥肉统统吃光,于是总时间为 35 天再加上 5 天,即一共需要 40 天。

8. 这是一个复杂的概率推理问题。为了充分说明问题,我们先从最简单的情况入手:

只有 A、B 相对时,A 活下来的可能性为:

$30\% + 70\% \times 50\% \times 30\% + 70\% \times 50\% \times 70\% \times 50\% \times 30\% + \cdots\cdots = 0.3 \div 0.65$

只有 A、B 相对时,B 活下来的可能性为:

$1 - 0\% \times 50\% + 70\% \times 50\% \times 70\% \times 50\% + 70\% \times 50\% \times 70\% \times 50\% \times 70\% \times 50\% + \cdots\cdots = 1 - 0.35 \div 0.65$

只有 A、C 相对时,A 活下来的可能性为 0%,C 活下来的可能性为 70%。

只有 B、C 相对时,B 活下来的可能性为 50%,C 活下来的可能性为 50%。

下面我们再逐一分析三人相对时的情况:

A 活下来有三种情况:A 杀了 C,B 杀不死 A,A 又杀了 B,此时的概率为 $30\% \times 50\% \times 0.3/0.65$;A 杀不死 C,B 杀了 C,A 杀了 B,此时的概率为 $70\% \times 50\% \times 0.3/0.65$;A 杀不死 C,B 杀不死 C,C 杀了 B,A 杀了 C,此时的概率为 $70\% \times 50\% \times 30\%$。所以,A 活下来的可能性为 0.336。

B 活下来有三种情况:A 杀了 C,B 杀了 A,此时的概率为 $30\% \times 50\%$;A 杀不死 C,B 杀了 C,A、B 相对的情况下 B 杀了 A,概率为 $70\% \times 50\% \times 0.35/0.65$;A 杀了 C,B 杀不了 A,A、B 相对的情况下 B 杀了 A,概率为 $30\% \times 50\% \times 0.35/0.65$。所以,B 活下来的可能性为 $0.15 + 3.5/13 \approx 0.419$。

C 活下来只有一种情况：A 杀不死 C，B 杀不死 C，C 杀了 B，A 杀不死 C，C 杀了 A，概率为 70%×50%×70%；所以，C 活下来的可能性为 0.245。

9. 不能单纯按 A 夫人 5 块钱，B 夫人 4 块钱来分配。两个人总共干了 9 天，若 3 个人则每人平均 3 天。因此，A 夫人顶 C 夫人做的工，实际上是 5－3＝2；而 B 夫人顶 C 夫人所做的工，则是 4－3＝1。A、B 两夫人应该按顶 C 夫人做工的比例来分这笔钱，所以 A 夫人应分 6 块钱，B 夫人应分 3 块钱。

10. 怪盗老七从别墅骑上马飞奔到和平路车站，在和平路车站附近下马，把马放开，自己奔向和平路车站乘上 21：16 的夜车，回到市里。放在那儿没人管的马自己回到了马棚。因为马棚的门由外往里是可推开的，所以马可以自己走进马棚。

11. 将几条沙丁鱼的天敌鲶鱼放在运输容器里。为了躲避天敌的吞食，沙丁鱼自然加速游动，从而保持了旺盛的生命力。如此一来，沙丁鱼就一条条活蹦乱跳地回到渔港。

12. 光线通过空气进入水中时，在水面会发生折射，使物体偏离原来的方向，所以射不中。

13. 暖气房的可能性是冷气房的两倍。暖气房的隔壁房间因为只有冷和暖两种可能，所以很容易得出各占一半的概率，但这是错觉。原因是，如果先进入暖房的话，如下图的编号，可能的情形有暖房 1、暖房 2 和暖房 3，而它们的隔壁依次是冷房 1、暖房 3 和暖房 2，由此可看出，暖气房的概率为冷气房的两倍。

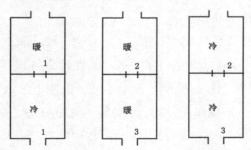

14. 两个男子的身材既然相差悬殊，手腕粗细自然也会有明显的分别。只要仔细观察一下表带上的洞孔痕迹，便会清楚地知道手表的主人是谁了。

15. 掷两个色子共会出现 36 种情况。24 种情况下 C 获胜，D 获胜的情况只有 12 种。对于 D 对 A、A 对 B、B 对 C，也有相似的结果。无论你的对手选了哪个色子，你选它左边的那个色子（对于色子 A 则选择色子 D）就会有 2/3 的胜率。

16. 只有两种方法可以让蚂蚁避免相撞：或者它们全部顺时针运动，或者它们全部逆时针运动。否则，肯定会撞到一起。选择一只蚂蚁，一旦它确定了自己是逆时针或者是顺时针运动，其他的蚂蚁就必须做相同方向的运动才能避免相撞。由于蚂蚁运动的方向是随机选择的，那么第二只蚂蚁有 1/2 的概率选择与第一只蚂蚁相同的运动方向。第三只蚂蚁也有 1/2 的概率选择与第一只相同的方向。因此，蚂蚁避免撞到一起的概率是 1/4。

17. 存在。如果当时的风向和风速与这艘船的方向和速度相同，那么对船来说，就相当于处于无风状态，这时候烟就有可能直直地往上冒。

第八章　参考答案

1. 此人从桥上安全回到岸边，很多人会想到是他想办法加固了桥面，比如利用向前走一步，从后面拆掉木板，向前铺一步的办法，但这样想并不符合实际。

桥有承重的限度，不超过这个限度是不会出危险的。这个人在流沙堆积成的小岛上待了 10 天，这简直与绝食生活差不多了。正因为这样，他变得骨瘦如柴，体重轻得可以走过这座桥了。

2. 至少需要 8 种颜色，如图所示：

3. 因为这个人持黑牌，所以他说的是假话。他自称是特威德勒哥哥，所以他应该是特威德勒弟弟。

4. 至少要往返 7 次。

首先，旅行者带着羊过河，把狼和白菜留在岸边，再独自返回。接着，他带着狼过河，把白菜留在岸边。到河对岸后，他把狼放下，再带着羊返回。回到岸边后，他把羊放下，再带着白菜过河。到河对岸后，他把白菜放下，因为白菜和狼可以安全相处，再独自返回。回到岸边后，他再带上羊过河。当到达河对岸后，这位旅行者就可以带上狼、羊和白菜继续赶路了。整个过程需要七个来回。

5. 当水沸腾后，艾伯特将鸡蛋放进去，并把两个沙漏都倒放过来。当 7 分钟的沙漏中的沙子漏光时，他把它再倒放；这时，11 分钟的沙漏还剩下 4 分钟，当里面的沙子漏光时，7 分钟的沙漏底部正

好有 4 分钟的沙子。艾伯特再把 7 分钟的沙漏倒放，这样，等到沙子再漏光时，时间正好是 15 分钟，然后他把鸡蛋从水里拿出来。

6. 丢番图活了 84 岁。

根据墓志铭的叙述，我们可以设他的年龄为 x，那么就可以得到：$x/6 + x/12 + x/7 + 5 + x/2 + 4 = x$，解得 $x = 84$。

7. 可以先让特警和杀人魔王同时过河，然后特警回来，接弟弟过河；特警留下，弟弟返回去，接爸爸过河；然后弟弟留下，爸爸返回，接妈妈过河；然后爸爸留下，妈妈返回，接妹妹过河。

8. 第一天：123，456，789；第二天：147，258，369；第三天：159，348，267；第四天：168，249，357。

"女学生问题"是一个著名的世界数学难题，最简单的解法便是穷举法。也就是列出所有的组合方式，把不合要求的组合方式去掉。

9. B 图的左边均为 1，右边为 2 的 n 次方，B 图是根据 A 图推出来的。

左边均为 1，得 $a = 1$

左边第二排为 $3 \times 2 = 6$，$4 \times 2 = 8$，故 $5 \times 2 = b = 10$

左边第三排为 $3 \times 2^2 = 12$，$4 \times 2^2 = 24$，故 $10 \times 2^2 = c = 40$

右边第一排为 2^{n-1}，故 $f = 16 \times 2 = 2^5 = 32$

右边第二排为 $16 \times 5 = e = 80$，$4 \times 2 = 8$，故 $5 \times 2 = b = 10$

右边第三排为 $4 \times 2^3 = 32$，$4 \times 2 = 8$，且 $10 \times 2^3 = a = 80$

10. 8 个人。

以半组人割半天为 1 份，那么大的一块正好分 3 份割完，而小的一块总割草量为 $3 \div 2 = 1.5$（份）。因为半组人半天割一份，所以剩下：$1.5 - 1 = 0.5$（份），由一人割 1 天，即由 2 人割半天，则 1 份用 4 个人半天割。全组人数就是 $4 \times 2 = 8$（人）。

11. B。图形内部的线条消失，并把图形放入一个八边形中。

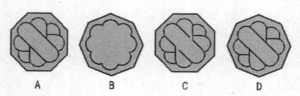

A   B   C   D

12. 德国人养鱼。

挪威人住黄房子，抽 Dunhill 香烟，喝矿泉水，养猫。

丹麦人住蓝房子，抽 Blends 香烟，喝茶，养马。

英国人住红房子，抽 Pall Mall 香烟，喝牛奶，养鸟。

德国人住绿房子，抽 Prince 香烟，喝咖啡，养鱼。

瑞典人住白房子，抽 Blue Master 香烟，喝啤酒，养狗。

13. 犯罪嫌疑人是金发女郎。她自称血迹是"刚才在他身上蹭到的"，实际上那时彼特已经死了 8 个小时，他的血已经结成冰，不可能会蹭到她的袖子上去。

14. 右上角的数字乘以左下角的数字，再加上左上角的数字乘以右下角的数字等于中间的数字。$(6×5) + (2×4) = 38$；$(6×2) + (7×7) = 61$；$(8×7) + (5×8) = 96$。所以，问号代表的是 96。

15. 凶手是中田，因为从海底上升到地面，中途至少需要 40 分钟的时间。按照中田的说法，他 30 分钟就到了地面，这不符合海底上升的科学规范，也就是说如果他是 30 分钟就上升到地面的话，他早就死了。这说明他在撒谎，实际上是他杀害了村上。

16. 这天是星期四。

17. 3：13。A 的开始时间减去终止时间等于 B 的终止时间；B 的开始时间减去终止时间等于 C 的终止时间；以此类推。

18. 平日我们计算一个人年龄的方法是，用他卒年的年份减去他出生的年份。依此计算方法这个人的年龄应该是 $10 - (-10) = 20$ 岁，可是什么问题都有其具体的情况，或者说特殊情况，所以要具

体分析。

因为一般的数列为……2，1，0，－1，－2……而年历当中则没有公元0年，只能是……2，1，－1，－2……同样，计算年龄也没有所谓的0年，公元指的是第一年。

另外，一个人的年岁一般是以生日为起点计算的，也就是生日前后差一天，年龄就差1岁，一般的计算方法在这道题中不能适用，正确答案应该是18岁。

19. 圆周角为360°可以构成平面镶嵌。题中给出的3问均可以设计出平面镶嵌，如下图所示。

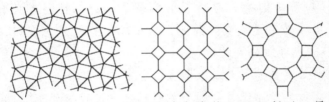

20. 车主每次都在前一次的基础上降价20%。所以，最后的售价应是563.20元。

21. 145。从第5个数开始每个数都由前四个数相加而成。

22. 在寻常国中A城和B城之间没有铁路相连，（否则由A至B不用中转即可到达），所以它们在镜子国中有铁路相连。现设C与D是任意两个城市。在寻常国中，C不可能同时与A和B都有铁路相连（否则由A至B只需中转一次），因此在镜子国中，C城有路通往A城或B城。对于D城亦有类似情况。所以，阿莉莎在镜子国中可以由C到达D（经过A城或B城），而不用超过两次中转。

23. 如果每只覆盖地球1/5表面的碗，至多只能罩住19个国家（联合国成员国）的首都，那么在整个地球上联合国的成员国不多于95个，这与题设中有101个成员国矛盾。因而，必定存在一只碗，它覆盖地球1/5表面，而且至少罩住20个联合国中成员国的首都。如果它恰好罩住了20个，那么宇航员的问题已经解决。

现在，设每个覆盖地球1/5表面的碗，至少罩住20个成员国的首都，仿上讨论得知，并非每个这样的碗都能罩住 20 个以上的首都。如果有某只碗恰好罩住 20 个，那么本题也已解决。

这样，设存在一只碗，它覆盖地球 1/5 表面，并且罩住的首都不到 20 个，把这只碗沿球面从罩住 20 个以上首都的位置，向罩住不到 20 个首都的位置移动，在连续的"道路上"，必有恰好罩住 20 个首都的位置。

24. 在试图确定 6 个男人担任什么样的职务时，我们注意到他们中的五人是：由条件（6）确定第一副行长和经理，由条件（1）确定第三副行长，由条件（10）确定出纳和由条件（7）确定门卫，由条件（3）知第二副行长与助理出纳是同性的，且因为只有 6 个男人，这两个人必定是妇女。因此，当第二副行长是妇女时，则会计员由条件（9）可知是男人。

妇女则必定占有另外 5 个职务：行长、第二副行长、助理出纳、第一速记员和第二速记员，因为总经理已婚。由条件（1）知不是布朗太太，由条件（5）知也不是凯恩太太，因此她是福特太太。由条件（4）知希尔小姐不是速记员，而由条件（8）知第二速记员是未婚的，因此第二速记员是德欧女士。且由条件（2），助理出纳是已婚的，因为由条件（1）知助理出纳不是布朗太太，因此她是凯恩太太。由条件（10）知第一速记员是已婚的，因而是布朗太太，故希尔小姐是第二副行长。

由条件（4）知葛兰先生给希尔小姐下指示，因此他的职务比她高，故他是第一副行长。由条件（6）知他和经理住在一块儿，因而由条件（5）知经理必是朗昂先生。条件（8）中年轻的阿达姆先生不是条件（11）中的年老的会计员，又由条件（11）知既不是约翰先生也不是伊万先生，因而剑普先生是会计员。条件（8）中未婚者的社交活动家阿达姆先生不是条件（10）中已婚的出纳，根据条件（7）知也不是住在阁楼上的门卫，因此阿达姆先生是第三副行长。条件（10）中的时髦的出纳不会定期接受旧衣服来穿，因而由条件（11）知他并不是伊万先生，而必定是约翰先生。最后由条件（11）知伊万先生必定是门卫，这职位就与条件（7）中说的他住阁楼相称。

25. 这道题纯粹是文字游戏，但是如果你的头脑不够清晰，很可能就糊涂了。客人实际支付 2700 美元，就等于总台实际结收的 2500 美元加上服务员克扣的 200 美元。在这里，2700 美元加上 200 美元是毫无道理的。2700 美元加上退回的 300 美元，才是有道理的，因为这等于客人原先交给服务员的 3000 美元。

26. 甲、丙、乙、丁。

27. D。

从题中可知：一段时间，女人穿的一种高跟鞋被男人公认为不美而越来越少见；男士的双排扣西装因有拒女人千里之外的感觉而失去了流行。所以，男人和女人流行哪种服饰，很大程度上取决于异性是否认同。所以 D 对。A、B 有点以偏概全。C 完全错误的观点。

28. 布什是农场主，华盛顿是银行家，林肯是学生，里根是小职员。

29. 前 6 个字母是 1~6 个数的英文单词的第二个字母，下一个字母应是 E（SEVEN 的第二个字母）。

30. 由上述内容可排列车位为：白色、绿色、黑色、红色、银色、黄色、蓝色、紫色。

（1）银色；（2）红色；（3）蓝色；（4）黄色。

31. 罗杰·沃伦和诺玛·沃伦夫妇住在顶层；珀西·刘易斯和多丽丝·刘易斯夫妇住在二层；吉姆·莫顿和凯瑟琳·莫顿夫妇住在底层。

32. 杜安。因为沿米德尔镇的全部街道不重复地走一遍的人，必

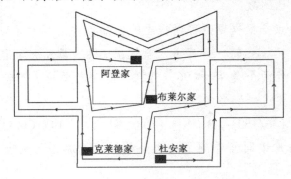

须：(a) 经过自己住宅所在的交叉路口的次数是奇数［根据 (3)］，以便最后能离开自己的住宅；(b) 经过他朋友住宅所在的交叉路口的次数是奇数［根据 (3)］，以便最后能进入他朋友的住宅。因此，这个人的住宅位于奇数条街道的交叉路口，而他朋友的住宅也是位于奇数条街道的交叉路口。

33. 是的，有这可能。假定这朋友三人跑了 30 次，结果如下：第一个 10 天，结束跑步的先后顺序是：蒂莫西、厄本、文森特。第二个 10 天，结束跑步的先后顺序是：厄本、文森特、蒂莫西。最后的 10 天，结束跑步的先后顺序是：文森特、蒂莫西、厄本。

这 30 天里，有 20 天是蒂莫西在厄本之前结束，有 20 天是厄本在文森特之前结束，有 20 天是文森特在蒂莫西之前结束。

34. "红头发"是多拉的外号。隧道里一共有 11 节小车，题中提到的几位乘客，乘坐的位置如右图所示。

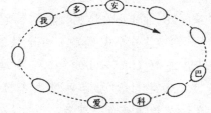

35. 36 和 108。首先说出此数的人应该是两数之和的人，因为另外两个加数的人所获得的信息应该是均等的。在同等条件下，若一个推不出，另一个也应该推不出（当然，我这里只是说这种可能性比较大，因为毕竟还有个回答的先后次序，在一定程度上存在信息不平衡）。

另外，只有在第三个人看到另外两个人的数是一样时，才可以立刻说出自己的数。

以上两点是根据题意可以推出的已知条件。

如果只问了一轮，第三个人就说出 144，那么根据推理，可以很容易得出另外两个是 48 和 96，怎样才能让老师问了两轮才得出答案呢？这就需要进一步考虑：

A：36（36/152）；B：108（108/180）；C：144（144/72）

括弧内是该同学看到另外两个数后，猜测自己头上可能出现的

数。现推理如下：

A、B 先说不知道，理所当然，C 在说不知道的情况下，可以假设如果自己是 72 的话，B 在已知 36 和 71 条件下，会这样推理："我的数应该是 36 或 108，但如果是 36 的话，C 应该可以立刻说出自己的数，而 C 并没说，所以应该是 108。"然而，在下一轮，B 还是不知道，所以 C 可以判断出自己的假设是假，自己的数只能是 144。

36. C。任一条直线上的三个六边形都有三种不同的图案。

37. 阿尔提到了他自己的船，因此"苏茜 -Q"和"海鸥"装有无线电是实际情况。而且这些船不是他的。"海鸥"不可能是克劳德的，否则他的话将符合实际情况，他就不会说这船是阿尔的了。

同样，迪克不可能拥有"海鸥"或"玛丽·琼"。因此，是伯特拥有"海鸥"。"海鸥"有一台无线电。于是，伯特的话是符合实际情况的，因为他像阿尔那样提到了装有无线电的三条船。所以，克劳德的船确实有 1 台无线电。由于克劳德不可能拥有阿尔的船或"海鸥"，因此他拥有的是"苏茜 -Q"。"大家伙"是迪克的，而"玛丽·琼"是阿尔的。

38. C。图形中，每个三角形依次从黑变白，每次按逆时针方向增加一个三角形，增加的三角形先是黑色，然后再在黑色和白色之间变化。

39. A 说的一定是真话：因为他如果是说谎，那么他就是最后一名，但如果他是第一名或第二名，则他必然说谎这是矛盾的。因此，A 是第三名或第四名。

如果 D 说的是真话，那么 E 就是在说谎。于是，D 是第一名，从而他是在说谎，这是矛盾的。因此，E 不是第二名，而 D 是第一名或第二名。

如果 E 说的是谎话，那么 D 就是第一名而 E 是第二名。但 E 是第二名乃 D 所说，那是谎话。因此 E 说的是真话，这使得他成为第三名、第四名或第五名。D 不是第一名，因而是第二名。

只有 B 和 C 有可能是第一名。如果 B 不是第一名，那么由于他也不是第二名，他说的就是真话，于是 C 是第三名，从而也不能是第一名。这种情况是不可能的。于是，B 是第一名，从而 C 不是第三名。

C 既不是第一名也不是第二名，因此他所说的 A 的排名在 E 后面是句真话。于是，E 是第三名，A 是第四名，而 C 是第五名。

这些运动员的排名是：B、D、E、A、C。

40. "Yesaihe" 的意思是 "否"。尼古拉斯未婚，他的回答是真话，所以罗伯特与埃米丽不是夫妻，杰希卡也是未婚。根据她的回答，可以断定她与尼古拉斯也不是夫妻。"Nabula" 的意思为 "是"。爱德华已婚，他讲的是假话，所以他与莎拉不是夫妻。那么，爱德华与埃米丽应该是夫妻，罗伯特与莎拉是夫妻，而尼古拉斯和杰希卡是单身。

41. 根据条件（3）和条件（5），如果安妮特非常聪明，那她也多才多艺。根据条件（5），如果安妮特腰缠万贯，那她也多才多艺。根据条件（1）和条件（2），如果安妮特既不富有也不聪明，那她也是多才多艺。因此，无论哪一种情况，安妮特总是多才多艺。

根据条件（4），如果克劳迪娅非常漂亮，那她也多才多艺。根据条件（5），如果克劳迪娅富有，那她也多才多艺。根据条件（1）和条件（2），如果克劳迪娅既不富有也漂亮，那她也是多才多艺。因此，无论哪一种情况，克劳迪娅总是多才多艺。

根据条件（1），伯尼斯并非多才多艺。再根据条件（4），伯尼斯并不漂亮。从而根据条件（1）和条件（2），得知伯尼斯既聪明又腰缠万贯。

再根据条件（1），安妮特和克劳迪娅都非常漂亮。于是，根据条件（2）和条件（3），安妮特并不聪明。从而根据条件（1），克劳迪娅很聪明。最后，根据条件（1）和条件（2），安妮特应该很富有，而克劳迪娅并非腰缠万贯。

42. 第一个故事：A 先生不可能是小人。因为，如果那样的话，他的妻子该是君子，不是凡夫。这样，A 先生的话反倒会成了真的。同样，A 夫人也不可能是小人。所以，他俩也都不是君子（否则其配偶理应是小人），可见他俩都是凡夫，同时又都是在撒谎。

第二个故事：这四个人都是凡夫，三句话全都是谎话。B 夫人必定是凡夫。因为，假使她是君子，她的丈夫应该是小人，既然她是君子，就不会谎称自己的丈夫是君子。假使她是小人，她丈夫该是君子，这时她也是不肯道破真情的。所以，B 夫人是凡夫。因此，B 先生也是凡夫。这意味着 A 先生和夫人都在撒谎。所以，他俩都不是君子，也不可能都是小人。因此，他们都是凡夫。

43. 行（xíng）行（xìng）行（háng）。因为这是一家商行，首先就可以确定第三个"行"字的正确读音应该为"háng"。而做生意是一种商业行为，要有商德，这也是对商家的一种规范和要求，行主以此作为自己的经商标准，所以就可以明白第 1、第 2 个"行"字的读音分别为"xíng""xìng"。

44.（1）疯狂的卡沃勒斯；（2）走钢丝的艾哲利斯；（3）聪明的小丑；（4）吞火的佛瑞德；（5）耍把戏的吉姆；（6）皮德罗先生的狮子狗；（7）飞行的空中堡垒；（8）普勒夫人的鹦鹉。

45. 如下表所示。

名字	姓氏	专业	大学
安娜	琼斯	数学	耶鲁
芭芭拉	布朗	物理学	哈佛
克莱尔	泰勒	化学	麻省理工
黛安娜	摩尔	生物学	普林斯顿

46. 根据条件（6）知，布拉德里在 6 号车站下车；条件（3）知，3 号是"枫树街"站；条件（4）一位女乘客在 5 号车站下车得知；因为条件（1）奈杰尔下车的"国王的小树林"站不是中转车站，那么此站不可能是 1 号、4 号或 7 号车站，肯定是 2 号车站。因此，根

据条件（1），利比肯定是在 1 号车站下车；泰萨在一个中转车站下车，条件（5）中在 5 号车站下车的女乘客肯定是艾琳，那么 6 号便是"红狮"车站。条件（2）由于霍华德不可能在 4 号或 7 号车站下车，他肯定是在 3 号车站下车。因此，"皮勒公园"站肯定是 5 号车站（条件 2）。条件（7）中的"博物馆"站不可能是利比下车的 1 号车站，也不可能是 7 号车站，那肯定是 4 号车站。运用排除法，在"博物馆"站下车的男子肯定是康拉德，剩下 7 号车站是泰萨下车的地方。根据条件（6）7 号车站不是"市场十字路"站，那肯定是"中央车站"站，剩下"市场十字路"站便是 1 号车站。

1 号车站，市场十字路，利比。

2 号车站，国王的小树林，奈杰尔。

3 号车站，枫树街，霍华德。

4 号车站，博物馆，康拉德。

5 号车站，皮勒公园，艾琳。

6 号车站，红狮，布拉德里。

7 号车站，中央车站，泰萨。

47. 我们可以假定有 240 根手指，那可能是有 20 个外星人，每人有 12 根手指，或者是 12 个外星人，每人有 20 根手指。但这不是唯一的答案，因为这些数字可以被分解因数（也就是说不是质数），所以这些数字被淘汰。现在来考虑那些质数：可能是只有一个外星人，他有 229 根手指头（根据第一句话所描述的，这是不可能的），或者是有 229 个外星人，每人有一根手指头（根据第二句话所描述的，这也是不可能的）。因此，那些质数也要被淘汰。现在就剩下可以开平方的数字了，在 200 ~ 300 之间只有一个选择，那就是 289。因此，房间里有 17 个外星人，每个外星人有 17 根手指头。

48. A 是艾伦；B 是佛瑞德；C 是露西；D 是克利奥；E 是厄玛；F 是埃德娜；G 是约翰；H 是格温；I 是芭布斯；J 是休；K 是卡尔；L 是戴夫。

第九章　参考答案

1.儿子对母亲说："假如我为人正直，神灵就不惩罚我了；如不正直，世人也不打击我了，这岂不是怎样都不会遭殃吗？"

2.因为每场比赛都会淘汰一对选手，一共有128对选手，那么在冠军队伍产生之前会进行127场淘汰赛。

3.90％的账面价值与125％的账面价值之间差了35％。而35％相当于105元，所以1％就是3元。因此，原账面价值应等于300元。

4.从算式的最后一层可看出（有些数字用字母表示）图①，c＝0。Efg-hij 是三位数，而 lmnd-rst 是两位数，所以 lmnp>efg，因此 rst>hij，这样 b>7。a 和 d 分别与除数相乘后都得四位数，由此 a>b，d>b，这样只可能 b＝8，a＝d＝9，现在得商是 97809。

因为 rst ≤ 999，所以除数不能大于 124。xy 不能大于 11，应是 10 或 11；又因为 lmnp ≥ 1000，所以 rst>988，123×8＝984，因此除数一定大于 123。

除数只能是 124，被除数是 124×97809 ＝ 12128316，如图②所示。

```
              a 7 b c d
    OOO) OOOOOOO
         OOOO
           e f g
           h i j
          l m n p
           r s t
          x y OO
          OOOO
            ①
```

```
          9 7 8 0 9
1 2 4 ) 1 2 1 2 8 3 1 6
        1 1 1 6
            9 6 8
            8 6 8
            1 0 0 3
              9 9 2
              1 1 1 6
              1 1 1 6
              ②
```

5. 这次汽车司机在路上的时间，比往常他从邮局到火车站跑来回的时间少了 20 分钟。时间少的原因，是汽车司机这次没有到火车站而是在去火车站的途中收到邮件，他是提前到达邮局的，就是从他和摩托车手相遇的地方到火车站跑一个来回所需的时间。那就是说，从汽车司机与摩托车相遇的地方到火车站，汽车司机要花10分钟。但我们知道，汽车司机与摩托车手相遇时，摩托车手已经走了半小时，也就是火车站已经到了半小时了。因为汽车司机是准时离开邮局的，所以在30分钟的基础上，加上汽车司机从与摩托车手相遇的地方到火车站所需的那10分钟，我们就能得出火车比规定时间早到了40分钟。

6. 最简单的答案就是把对边中间的数字填入顶点的圆圈中。每一边会包含3个数字10、17、45，其和为72。其他可能的答案就是将这些数字同时加上一个相同的数字d，因此通解的形式为：上顶点：17 + d，左顶点：45 + d，右顶点：10 + d。每一边的总和为72 + 2d。当然，d可以是正数或负数。

7.

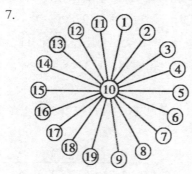

8.

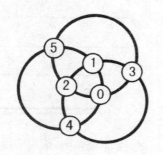

9.

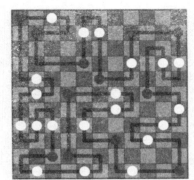

10. 设第一次有 n + 1 个小仙女，第二次有 m + 1 个小仙女，她们分别采集了 6 + 13n 和 5 + 10m 个蘑菇。并且根据题意知：7 < n < 15，9 < m < 20。

由于两次采集的蘑菇数相同，因此 6 + 13n = 5 + 10m

即 13n + 1 = 10m

在区间 [8, 14] 中存在唯一的数 n = 13，使 3n + 1 能被 10 整除。因此，第一次有 14 个小仙女，第二次有 18 个小仙女。

11.

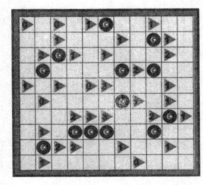

12. 具体地说，就是

$1 = 1^2$,

$121 = 11^2$,

$12321 = 111^2$,

$1234321 = 1111^2$,

$123454321 = 11111^2$,

$12345654321 = 111111^2$,

$1234567654321 = 1111111^2$,

$123456787654321 = 11111111^2$,

$12345678987654321 = 111111111^2$。

13. 如图。

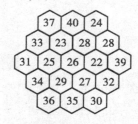

14. 第 1 家酒家分到了 32 升纯酒，第 2 家分到了 24 升纯酒，第 3 家分到了 18 升纯酒，第 4 家分到了 $13\frac{1}{2}$ 升纯酒。

15. 假设每个都是对的，用这些数字填这个九宫图，如下图所示。很显然，错误的是第 5 行、第 9 列的 3。

7	8	3	2	5	6	9	1	4
2	5	6	4	1	9	7	8	3
4	9	1	7	8	3	5	6	2
6	4	5	8	2	7	3	9	1
3	1	2	6	9	5	8	4	3
9	7	8	3	4	1	6	2	5
8	3	7	1	6	2	4	5	9
5	2	4	9	3	8	1	7	6
1	6	9	5	7	4	2	3	8

16. 因为刘教授是有名的化学教授，所以警察让刘教授在当地的最大报纸上登了一篇声明说："昨天有人误喝了他家的化学药品，如果不及时吃他的解药，就会在 3 天内死去，请及时与他联系。"于是，小偷就赶紧投案自首了。

17. 长老让孩子的父亲回家后派人把所有的门都装修得比原来高出了 1 丈有余，这样不管这个孩子今后再长多少，也永远都不会达到门的高度了。这样一来，算命先生的预言自然无法实现，而孩子的父亲也就没有什么理由再忧虑了。

18. 用数学方式表达：A ＝ 100B，B ＝ 1000A。最终得出 A ＝ B ＝ 0。

19. 问题以 50 块分开的片开始，以一团完整的结束。因为每步都使片数或团数减 1，所以只需要 49 步。

20. 学生的推理是这样的：考试不能安排在周日，因为周日是最后一天，同学们这天早上知道一定会考试；如果周日不考试，那么周六也不行，因为大家在这天早上也会知道要考试；以此类推，这周的每一天都不可以考试。这个推理会引申出这样的判断："如果必然有一次考试，那么它不能在任何一天进行。"很明显这是违反直觉的，被称为"预言悖论"。

对付这种"预言悖论"，有一种最简单的方法。既然学生们在周三早上认为不会考试，那么他们显然不知道这天一定会考试，所以考试就可以进行了。只要考试不安排在周日，那么学生的推论都站不住脚。因为在周日早上，同学们不会认为"今天一定会考试"，而是认为"今天一定不会考试"，因为考试已经结束了。于是，下周的推论也就无法进行了。也就是说，在进行逆向归纳的时候，学生遗漏了一个重要的条件：如果周日之前没有任何考试，那么考试不能安排在周日。

21. 15621 个。

假设给这堆椰子增加 4 个，则每次刚好分完而无剩余。

解：设椰子总数为 n － 4，天亮后每人分到的个数为 a。

$(1/5) \times (4/5) \times (4/5) \times (4/5) \times (4/5) \times (4/5) \times n = a$

$1024/15625 \times n = a$

因为 a 是整数，所以 n 最小为 15625，则 n － 4 ＝ 15621。

22. 既然大地址是真的，小地址是假的，而绑架犯不可能不想得到赎金，那么，说明这个绑架犯必然是十分熟悉当地邮寄地址的人，最大的怀疑对象就是赎金寄达地点邮局的邮差，因为除了他，没有人能够收到，而且不会引起怀疑。虽然办理邮包业务的负责人也有可能拿到赎金，但他无法确定地产大亨在哪一个邮局投寄赎金，所以能够收到的人只有收件地的邮差。因此，绑架者的真实身份就是

当地的邮差。

23. 显然，被打死的人是不能再开枪的，所以我们不妨倒过来进行推理，看最后一个被打死的是谁。因为阿里是唯一的幸存者，所以最后死的那个人肯定是被阿里打死的，从阿里所处的位置可以向伊杰斯和戴维两个人瞄准，他要么打死了伊杰斯，要么打死了戴维，既然戴维是第一个倒下的人，所以最后倒下的肯定是伊杰斯。伊杰斯瞄准的是阿里和布朗，而阿里是唯一的幸存者，所以被伊杰斯打死的只能是布朗，他是在伊杰斯之前倒下的。在布朗之前倒下的是福克斯。因为布朗瞄准的是福克斯和伊杰斯，而布朗是被伊杰斯打死的，所以布朗打死的只能是福克斯。在福克斯之前倒下的是查理，因为福克斯瞄准的是查理和布朗，而我们已经知道布朗打死了福克斯，所以福克斯打死的只能是查理。在查理之前倒下的是盖特森，因为查理瞄准的是盖特森和福克斯，而查理是被福克斯打死的，所以查理打死的只能是盖特森。

因此，我们推断出如下的结果：阿里打倒戴维，查理打倒盖特森，福克斯打倒查理，布朗打倒福克斯，伊杰斯打倒布朗，阿里打倒伊杰斯。倒下的顺序是：戴维、盖特森、查理、福克斯、布朗、伊杰斯。

24. 算法是：开始 9 页每页用一个铅字，计 9 个；此后的 90 页每页用两个铅字，共计 180 个；再往后的 900 页百位数字的页码每页用三个铅字，共 2700 个。

因此推断出：这本书若是 999 面，就要用铅字：9 + 180 + 2700 = 2889（个）。

但它只用了 2775 个字，因此书的页数在 100 ~ 999 之间。从第 100 页算起共需铅字 2775 - 189 = 2586（个）；因每页用 3 个字，所以，2586÷3 = 862（页），再加上前边的 99 页，这本书共有 961 页。

25. 三上找人将亚美的遗书、账本、日记等全部伪造了一遍。警察以账本、日记等来核对遗书上的字迹，当然只能得出此系同一人字迹的结论，因此，发现不了任何破绽。